东北地区城市化与生态环境交互效应研究

于冠一 著

中国财经出版传媒集团

经济科学出版社
Economic Science Press

·北京·

图书在版编目（CIP）数据

东北地区城市化与生态环境交互效应研究/于冠一
著. -- 北京：经济科学出版社，2024.2
ISBN 978 - 7 - 5218 - 5673 - 6

Ⅰ.①东… Ⅱ.①于… Ⅲ.①城市化 - 关系 - 生态环
境 - 研究 - 东北地区 Ⅳ.①F299.273②X321.23

中国国家版本馆 CIP 数据核字（2024）第 051360 号

责任编辑：王红英
责任校对：靳玉环
责任印制：邱　天

东北地区城市化与生态环境交互效应研究

于冠一　著

经济科学出版社出版、发行　新华书店经销
社址：北京市海淀区阜成路甲 28 号　邮编：100142
总编部电话：010 - 88191217　发行部电话：010 - 88191522
网址：www. esp. com. cn
电子邮箱：esp@ esp. com. cn
天猫网店：经济科学出版社旗舰店
网址：http://jjkxcbs. tmall. com
固安华明印业有限公司印装
880 × 1230　32 开　6.75 印张　200000 字
2024 年 2 月第 1 版　2024 年 2 月第 1 次印刷
ISBN 978 - 7 - 5218 - 5673 - 6　定价：32.00 元
（图书出现印装问题，本社负责调换。电话：010 - 88191545）
（版权所有　侵权必究　打击盗版　举报热线：010 - 88191661
QQ：2242791300　营销中心电话：010 - 88191537
电子邮箱：dbts@ esp. com. cn）

本著作系黑龙江省博士后课题、黑龙江省博士后面上项目（项目号：LBH－Z22014）《洪涝灾害视角下黑龙江城市安全韧性评估与提升对策研究》（2023－01 至 2025－12、在研、主持）资助

前　言

　　城市化是经济社会持续健康发展的强大引擎，是国家现代化的重要标志，2000 年开始上升为我国重大发展战略①。但快速、高密度城市化进程不可避免地衍生出一系列的资源剥夺和环境污染问题。东北是我国城市化发展较早、水平较高地区，按演变过程和现状特征划分，已形成辽中南城市群和吉林中部、哈大齐城市组群，其自然环境与城市化协同发展是我国区域发展的重大国家战略。以东北地区为例，揭示城市群地区城市化与资源环境交互作用机理具有重要意义。本书系统梳理了国内外研究进展，借鉴前人研究成果与复杂性科学理论，科学剖析城市化与自然环境交互影响系统复杂特征，提出交互作用概念模型，进而基于空间溢出和分阶段视角构建解释框架，丰富城市化与自然环境两大系统复杂性研究范式。借助空间杜宾（SDM）、面板门槛、距离协同（DCM）、产出密度等模型定量测度两大系统的数量特征与作用规律，在对各主要因子综合梳理基础上，厘清两大系统交互作用机理。本书内容主要包括以下部分。

---

　　① 2000 年在国民经济和社会发展"十五"计划中首次把"积极稳妥地推进城镇化"作为国家的重点发展战略之一。确立了"坚持大中小城市和小城镇协调发展，走中国特色的城镇化道路"的方针（中华人民共和国中央人民政府网站）。本书强调的城市化是强调方针的前半部分，大中小城市的生态环境问题。

第一部分为引言和研究综述，由第1、2章组成。城市化和自然环境的相互作用关系是人地系统中极为重要的一环，两大系统既有自身发展规律和影响因子，又通过不断的物质循环、能量流动和信息交换，形成相互联系、支撑和制约的复杂耦合巨系统。第1章阐述了研究背景和选题依据，明确书中主要研究方法和技术路线，进而引出本书的理论与实际意义。第2章介绍了书中出现及涉及的相关理论和概念内涵，系统梳理了两大系统间的研究进展，并发掘本书可能的创新点。

第二部分为研究城市化与自然环境交互影响，包括第3至第6章，是本书的核心部分。从城市化发展不同演变阶段出发，选取反映主要变化特征的核心主控因素，利用东北1986～2017年地级及以上城市数据，将两大系统交互作用提炼为三个阶段：（1）资源环境对城市发展的支撑作用；（2）城市化对自然环境的影响；（3）自然环境对城市化的反作用。最后按时间顺序重新审视三个阶段发展进程中的内在关联。基于以上阶段性特征和演变规律，本书构建了城市化与自然环境交互影响理论框架、概念模型及函数表达式。针对东北地区地级及以上城市的实证研究：第3章选取维系城市化进程的三大基本物质要素：水资源、土地资源和矿产资源，引入面板门槛模型定量解构各类资源对城市化支撑作用并划分阶段和阈值，消耗强度依次是土地资源＞水资源＞矿产资源。第4章将环境成本内生于产出密度模型，筛选主控变量，分别从空间溢出和非线性机理研究城市化对资源环境的影响：探索性空间数据分析表明雾霾污染集中于以四个副省级城市为中心、辐射周边工业城市的区域，与《全国城镇体系规划》中"哈尔滨—大连"铁路、公路网而形成的东北三省核心城市带、"沈阳经济区"、"长吉图"和"哈大齐"范围大体重合，大连市逐渐退出了高污染集聚区；工业污染是造成大面积持续雾霾污染的主要因素；溢出效应表明，城市人口比重、城市供暖、经济增长和汽车尾气排放的增加均对本地和邻近地区影响为正，东北地区范围内重污染产业转移现象较少；门槛模型的分析结果发现，人口城市化进程有利于抑制雾霾污染，呈倒"U"型阶段性特征；城市工业产值增加和建成区面积扩大是雾霾污染的促增因素，呈两阶段逐级递增趋势。第5章基于空间杜宾模型分析了东北地区雾霾污染对城市化反作用，采用面板门槛模型划分影响的阶段性，发现雾霾污染对四类城市化影响均呈现三个阶段特征；雾霾对城市发展的负面影响，仅工业城市化存在空间溢出效应。第6章整合以上不可分割、相互联系的三个阶段影响过程，确定了资源消耗状况、城市化进程与雾霾对城市化负面影响区间，并说明各阶段对应的政策重点，形成完整的政策体系。

第7、8章为本书的第三部分，综合研究东北地区城市化与资源环境的耦合协调度，通过引入距离协同模型、构建协同发展指数，从东北地区地级市尺度，定量测度城市化与资源环境的耦合度、耦合协调度和协同发展度，分析其演化趋势，并划分耦合阶段和耦合类型。2005~2016年城市化综合发展度呈不断增长趋势，且在2007~2008年附近有两个拐点；两大系统耦合度一直处于较高水平，且呈上升趋势；各地级市尺度视角，城市化与资源环境协调发展度呈上升趋势，但各地发展阶段差异较大，与当地经济发展程度高度相关；相对于资源环境，各城市间社会经济发展差异更大。

基于以上理论和实证分析，提出东北城市化与资源环境协同发展政策建议：（1）科学预测城市人口比重、非农产业比重及建成区面积的区间，合理估计环境污染程度，及其对城市化进程的反作用。发挥城市人口集聚对大气环境正向的影响及溢出效应；（2）根据雾霾污染程度和城市发展水平划分出不同等级区域，制定差别化的区域环境治理策略；（3）建立区域间联防联控的环境治理机制；（4）警惕环境污染带来的城市发展和生态文明倒退，并做好中小城市的基础配套设施建设；（5）经济新常态背景下，加快城市化进程的同时，应提倡"健康城市""宜居城市"和"生态城市"理念；（6）拓展区域生态安全格局，在一定程度上提高资源环境承载力，满足城市发展的生态需求。

目　　录

第1章

引　言

1.1

选题背景

城市化是经济社会持续健康发展的强大引擎，是国家现代化的重要标志。2000 年城市化上升为我国重大发展战略，《中华人民共和国国民经济和社会发展第十个五年计划纲要》中提出，"需不失时机地实施城镇化战略"。目前我国正处于城镇化深入发展的关键时期，能源大量消耗、环境污染、生态破坏等一系列相关问题和矛盾凸显，成为城市化可持续发展的重要瓶颈。东北是我国城市化进程较早、水平较高的地区，按其形成发展过程和现状特征，已形成辽中南发育成熟的城市群和发育中间阶段的吉林中部、哈大齐城市群组，发展面临着日益严峻的人口、资源与环境压力，其协同发展已成为我国区域发展的重大国家战略。以东北地区为例，揭示该区域城市化与资源环境交互作用规律，既是人地关系系统与科学发展研究的前沿领域和核心主题，也是我国经济新常态背景下，关乎民生福祉，实现环境保护战略目标，为推进我国新型城镇化和美丽中国建设，提供系统性理论科学依据的急迫需要。

1.1.1 国际科学研究背景

开展城市化和资源环境交互作用研究，是探讨人地关系和可持续性科学的重要命题及前沿领域。城市化过程是人类经济社会发展的重要现象和劳动分工的必然趋势，资源环境系统作为人类社会赖以生存发展的自然本底条件，起着支撑与制约作用。城市化系统与资源环境系统均为典型的复杂系统，二者间客观上存在着复杂的非平衡、非线性的空间异质性关系，协调二者发展对推动区域经济、社会和生态的可持续发展至关重要，是目前政府决策部门、企业和学者多主体关注的焦点，并一直是近年来国际上经济学、地理学与可持续性科学研究的热点与前沿领域（Nguyen，2019；Zipper，2017）。城市化关乎全球利益安全、经济发展、能源消耗、资源环境利用和人类福祉，是 21 世纪全球发展的必然趋势（Brown R，2009；Fragkias M，2013；Fitzhugh T W，2004；McDonald R I，2013）。2001 年诺贝尔经济学奖获得者约瑟夫·斯蒂格利茨（Joseph Stiglitz）认为中国的城市化是深刻影响"21 世纪人类发展"的两大因素之一（另一个是美国的科技进步）。《自然》（*Nature*）1990 年发文评估了城市化对地表气候的影响（Jones P D，1990）。《科学》（*Science*）1970 年发表评述，空气质量导致的环境质量下降，是美国西部缺水城市人口流失的原因，建议当地政府正确引导有限资源的利用和分配（Carle O，1970）。《科学》（*Science*）2009 年发文论述可持续发展对城市化推进的重要性，并关注中国城市中出现的污染、人口过剩、资源枯竭问题（Chao & Roger，2009）。

随着经济全球化和区域经济一体化趋势不断增强，城市化导致的资源环境污染早已突破了领土和地域限制，成为全球性问题。20世纪 70 年代以来，联合国相继发布了一系列关于环境保护的纲领性文件：《人类环境宣言》（1972）、《内罗毕宣言》（1982）、《21世纪议程》（1992）、《生物多样性公约》（1992）、《联合国 2030 年可持续发展议程》（2015）和《世界环境公约》（2018）等。联合国人居署全球司司长拉斯·路特斯沃德表示，中国在城市化发展中面临能源消耗、固体废弃物处理、城市环境动态监测和信息化四方面巨大挑战（Mazzarino，2020）。为支持世界环境友好工程，联合国开发计划署、联合国环境规划署和世界银行联合设立全球环境基金（GEF）项目，后变为全球环境基金执行机构和实施机构，独立的机构更好地支持各国环境保护与可持续发展项目，重点资助领域有生物多样性、气候变化（适应和减缓）、化学品、国际水域、土地退化、可持续森林管理、臭氧层损耗。GEF 与中国合作密切，20 世纪 90 年代至 2020 年 6 月，资助了中国 10 万个可持续发展项目。

1.1.2　城市群意义的提升

1961 年，法国地理学家戈特曼在他的著作《城市群：城市化的美国东北海岸》中第一次提出了城市群概念，区域范围内、以一个及以上城市为核心、由两个及以上城市构成有机联系的单元，依托交通通信等基础设施网络，形成的高密度发展、高度一体化的综合城市群体空间（王士君，2011）。21 世纪世界城市化蓬勃发展，城市群是区域经济发展的新增长极，全球范围内普遍承认的大型世界级城市群有六个：美国东北部大西洋沿岸城市群，制造业产值占美国的 70%，城市化水平达到 90% 以上；北美五大湖城市群，是美国的钢铁和汽车生产基地；日本太平洋沿岸城市群，工业产值占日本的 65%，分布着全国 80% 以上的金融、教育、出版、信息和研究开发机构；英伦城市群是产业革命后英国主要制造业生产基地；欧洲西北部城市群是欧洲主要工业区，产业分工多样化，技术创新氛围浓厚；长江三角洲城市群创造了我国约 26% 的 GDP，是我国经济最发达、城市化水平最高的城市群。作为世界上最大的发展中国家，城市群已成为中国空间城市化的主要模式，是广泛工业化和城市化的产物（Fang C，2017）。由于城市群内部存在广泛联系，其城市化与资源环境间冲突更加严重，带来更为复杂的污染问题（Fang et al.，2016）。

从国家战略需求角度分析，国民经济和社会发展规划作为我国指导经济工作的纲领性文件与统筹性目标，"十一五""十二五""十三五"和"十四五"规划纲要均强调城市群建设的意义。因此，城市群发展上升为国家重大发展战略后，急需提供系统性和整体性的城市群科学理论、经验数据与决策支撑。2006 年"十一五"规划首次提出，"把城市群作为推进城镇化的主体形态"，城市群协同发展开始上升为我国重大发展战略。"十二五"规划提出，"在东部地区逐步打造更具国际竞争力的城市群，在中西部有条件的地区培育壮大若干城市群。推进大中小城市基础设施一体化建设和网络化发展"。"十三五"规划明确表示，"发挥中心城市辐射带动功能，以提升质量、增加数量为方向，加快发展中小城市。引导产业项目在中小城市和县城布局，完善市政基础设施和公共服务设施，推动优质教育、医疗等公共服务资源向中小城市配置"。2019 年 4月 8 日，国家发展和改革委员会发布了《2019 年新型城镇化建设重点任务》提出，"立足资源环境承载能力，推动城市群和都市圈健康发展"。"十四五"规划指出，"坚持走中国特色新型城镇化道路，深入推进以人为核心的新型城镇化战略，以城市群、都市圈为依托促进大中小城市和小城镇协调联动、特色化发展，使更多人民群众享有更高品质的城市生活"。可以看出，我国全面推进城市化进程的纲领性文件不断出台，围绕着统筹中小城市发展、注重城市资源环境保护的目标逐渐清晰，城市群建设取得明显进展。

1.1.3 东北地区背景

东北是世界著名的商品粮种植、设备制造和基础原料加工基地，城市化水平较高，是我国城市化起步较早，一度发展较快，但近年来增速有所下降的地区，常住人口城市化水平由 2004 年的 54.77% 增长至 2018 年的 62.91%。新中国成立之初东北老工业基地为我国社会主义建设做出了重大历史贡献，"一五""二五"期间国家的计划投资和重点项目部署，带动了东北地区城市化进程与城市体系的形成。目前形成了"一群二组"的城市群空间框架体系，即发展层次较高的辽中南城市群和发育程度稍滞后的吉林中部、哈大齐两个城市群组。作为全国资源型城市聚集区，老工业基地承担着持续供给国家、各大区资源环境和初级产品的责任，工业为主导的产业结构决定该区域在全国地域分工体系中的战略地位和重要作用。随着改革开放的不断深入，老工业基地体制性、结构性矛盾日益显现，进一步发展面临着诸多困难和考验。2003 年国家开始实施"振兴东北老工业基地"战略政策，优化产业布局，振兴东北经济（Zhang P，2008）。振兴工作的重点之一是通过产业整合和资源重组，促进大城市和优势地区重要产业和企业集聚。尽管已制定并实施了一系列政策和发展措施，但东北大多数城市是在新中国成立初期强调"优先发展重工业"的特殊历史背景下，形成的资源依赖性产业。如哈大齐城市群组的支柱产业石化、医药、机电工业，吉林中部城市群组的石化、农产品加工、装备制造工业以及辽中南城市群的钢铁、石化、装备制造业、采矿业。长期以来，重工业对资源和原材料的需求导致资源过度开发，给城市化发展带来巨大环境压力，危害人类福祉（Guo Y，2020）。

在中国经济进入新常态转向高质量发展背景下，东北地区固有的体制性、结构性、资源性等矛盾凸显，加上统计纠偏因素，2013年后经济出现下行趋势，资源环境压力屡超承载力上限。党中央、国务院高度重视东北老工业基地振兴工作，2014年、2016年国务院分别印发《关于近期支持东北振兴若干重大政策举措的意见》和《关于深入推进实施新一轮东北振兴战略加快推动东北地区经济企稳向好若干重要举措的意见》，强调注重环境保护、全面振兴的重要性。分别指出，辽宁省着重创新创业、功能区发展；黑龙江省应在对外开放、国企改革上进一步加强；吉林省应更多关注基础设施建设和社会保障性政策。习近平总书记强调，东北地区是我国重要的工农业基地，维护国家国防安全、粮食安全、生态安全、能源安全、产业安全的战略地位十分重要[①]。中央高度重视东北地区城市转型发展和资源环境保护，保持各项全面振兴政策的高度延续性。

东北地区城市化发展水平较高，且经济发展经历了繁荣、衰落和振兴完整的生命周期，可作为城市化与资源环境的典型研究区域，其经济、城市、社会、环境治理、资源利用等方面的作用规律与经验数据，可为我国其他地区提供重要参考与前瞻性预测。

1.1.4 学科理论创新驱动

区域经济学是经济学与地理学交叉形成的应用经济学，其研究范式既借鉴经济学的一般均衡分析，又采纳地理学的空间统计分析。2019年后，随着贸易摩擦的持续升级和互联网经济的不断发展，我国区域发展动力转型及区域资源配置面临更加复杂的外部环

---

① 2019年12月16日出版的第24期《求是》杂志发表习近平总书记的重要文章《推动形成优势互补高质量发展的区域经济布局》。

境，区域经济学的学科理论和内容体系亟待创新优化。城市化是当今世界上重要的社会、经济现象之一（许学强等，2009），城市是区域经济增长的核心，过度追求经济发展，不断攫取滥用资源环境，是长期以来城市发展面临资源短缺和资源环境问题的根源。众多地理学者研究区域经济现象时，认为城市化和资源环境的交互作用是人地关系经典理论中研究的热点问题与前沿领域（陈晓红，2018）。传统的人地关系思想都可归属为人类中心论范畴，1992 年联合国环境与发展大会首次提出可持续发展概念，城市作为区域发展的核心引擎，城市化与资源环境的交互关系研究，引起我国学者、政府和社会各界的广泛关注，城市可持续发展是目前国际上重要的研究方向（夏添，2018）。突破传统粗放型人地关系矛盾，如何实现资源环境效益与经济发展双赢及判定区域资源合理配置标准是当前区域经济学学科理论发展的重要议题。

在新时代，随着全球范围的产业转移与要素重组，区际联系与区际要素流动更趋紧密，价值链底端经济主体如何在资源配置中避免利益损失，及其生产过程中如何减少对资源环境系统的负面影响，相关区域经济学理论解释力有限。在总结区域发展实践并上升到新理论视角、寻求新研究范式方面，中国区域经济理论供给的严重滞后已成为区域学科发展的软肋和挑战，其无法深刻揭示区域"自然—经济—社会"复杂系统的运行机制（刘俊杰，2017）。区域中多尺度交叉、非线性、时空演化等复杂领域，如自然、经济、人文各自特点及其互相影响规律，应充分发挥区域理论与实践的解释作用。城市化和资源环境系统均是典型的复杂系统，开展东北地区两大系统交互作用机理的系统性研究，试图在学科理论发展滞后背景下，弥补这一缺陷。

因此，应以我国创新、协调、绿色、开放、共享的新发展理念为引领，建立城市可持续增长和人地关系调控机制，以经济学规范研究范式为主，兼顾定量与定性研究，将地理学、生态学、环境科学、社会学、人类学等学科的理论方法有机嵌入区域经济学的理论重构之中，以推进学科建设和理论创新。

1.2
研究意义

近年来，我国城市化和经济发展取得了举世瞩目的成就，同时对有限资源的需求日益增加。虽然国内外学者较多地关注了城市化导致的资源环境问题，并就环境问题对城市发展的影响提出了各自见解，但结合空间效应和非线性视角研究二者关系的成果少见，且对两大系统完整交互作用过程的研究相对缺乏。城市化和资源环境的交互影响是一个涉及社会、经济、自然的开放复杂巨系统，选取东北地区为研究对象，在遵循经典经济学研究范式基础上，准确把握两大系统在不同阶段的协调水平，引入非线性和空间视角，试图解释两大系统相互影响的机理和规律，进一步完善该领域复杂性与系统性研究，以期为新常态背景下城市与资源环境建设的同步推进建言献策，在以下方面具有一定的理论和现实意义。

1.2.1 理论意义

（1）按城市发展演化的历史进程，将城市化与资源环境交互作用分为三个阶段：资源环境对城市化支撑阶段、城市化对资源环境影响阶段和资源环境反作用于城市化阶段。将这三个阶段有机、统一地整合，弥补以往研究片面性、碎片化不足，更系统地阐述城市化与资源环境的交互作用过程，以期用更综合全面视角设计政策框架。本书以东北地区城市为研究对象，完善了区域性人地关系系统理论，丰富了可持续性科学研究框架，有助于更好地跨学科评估城镇化过程中人地复杂系统的演化机理，增强区域政策制定有效性与可持续性。

（2）城市化是区域概念，以东北地区城市为研究案例，本书是区域经济学空间属性的重要课题。综合运用经济学、人文地理学、生态学和社会学的相关理论，以东北地区城市化和资源环境协调发展为切入点，在已有两大系统耦合、或城市化与资源环境单方面影响成果基础上，将门槛模型方法与空间溢出效应结合研究两大系统的作用关系，丰富了复杂系统在人地关系理论的研究。

1.2.2　现实意义

本书选取东北地区地级及以上城市为案例，对城市化与资源环境交互作用机制与规律的探究，有利于为人口过多、交通拥挤、能源紧缺、环境污染压力的城市群地区转向新型城镇化、智慧城市、生态宜居、节能环保发展提供重要的指导意义。

（1）通过构建客观的城市化和资源环境指标体系，使用空间计量和面板门槛模型，以两大系统相互影响的空间溢出效应和非线性属性作为主要研究内容。根据阶段性和空间特征，寻找政策变化拐点，构建了完整的城市各阶段可持续发展政策，以期为新时代东北全面振兴、实现经济社会的高质量发展提供数据支持，同时为实现东北振兴与京津冀协同发展、长江经济带发展、粤港澳大湾区建设等国家重大战略对接和交流合作提供可行参考。

（2）党的十八大以来，中央将城镇化作为现代化建设的重要着力点，明确了经济新常态下其在促进经济转型和经济增长方面的突出作用。东北振兴属于我国的重大战略性问题，是我国区域发展"四大板块"之一。作为全国资源型城市聚集区，受资源禀赋及历史因素影响，东北是我国城市化水平较高地区，也是资源环境矛盾较为突出的地理单元。近代以来，东北地区经济发展经历了繁荣、衰落、振兴、重新调整的历史周期，构建资源环境与城市化交互作用理论模型，揭示该区域两大系统作用特征与演变规律，可望为我国其他地区城市化与资源环境健康诊断提供理论和方法的实证检验基础，积极促进我国城市化与资源环境协同发展。

1.3

东北地区城市化与资源环境变化过程

美国经济学家皮尔斯（Pearce）根据发达资本主义历史经验，提出城市发展阶段环境对策理论，即城市发展与资源环境演化存在时序特征，应有针对性地进行环境规划及土地利用限制。东北城市化、生态环境两大系统演化经历了曲折的发展过程：计划经济时期取得突出成就同时走了许多弯路；改革开放后政府、市场等社会多元力量共同推动，城市化全面发展。鉴于数据的有限性，本节遵循经典研究范式，对新中国工业化以来，东北地区城市化体系的形成、各发展阶段特征进行系统梳理及科学划分，并从定量和定性相结合角度探讨城市化和资源环境两大系统在时间尺度上的交互规律。

1.3.1 区域内自然地理和行政区域状况

东北地区介于 115°E ~ 135°E，48°N ~ 55°N，包括黑龙江、吉林和辽宁三省以及内蒙古自治区东部四个省级行政单位。东、北、西三面与朝鲜、俄罗斯和蒙古国为邻，东部与日本、韩国隔海相望。东北是一个资源环境丰富、景观多样、生态类型齐全、结构完整的自然地理单元（王士君，2008）。境内有全国最大的平原，土质以肥沃黑土为主，人均耕地超过全国其他地区。2018 年年底人口占全国比重 8.38%，土地面积占全国陆地总面积的 15.35%。

区域跨越暖温带、中温带和寒温带，气候以湿润、半湿润为主，四季分明，夏季雨热同期，冬季寒冷干燥。分布着松花江和辽河两大水系，还有额尔古纳河、黑龙江干流、乌苏里江、图们江、兴凯湖和鸭绿江界河。2018 年，水资源总量为 1878 亿立方米，占全国总量的 6.83%，人均用水量约为 1723 立方米/人，地表径流总量约 1500 亿立方米，但分布不均衡，总体上东部、南部多于西部、北部。区域内矿产资源丰富，主要矿种齐全，拥有全国四分之一的资源型城市，是我国资源型城市集中区。森林资源丰富，大兴安岭、小兴安岭和长白山是我国最大的森林区，森林树种多样，生物资源丰富。

中华人民共和国成立以来，东北地区经历了几次较大规模的行政区划调整。1949～1954 年，东北整合为六个省，设直辖市。1955 年撤销东北行政区和直辖市，整合为黑吉辽三省和内蒙古部分地区。1969 年内蒙古被拆分，昭乌达盟、哲里木盟、呼伦贝尔南部两县及呼伦贝尔盟分别划入辽宁、吉林和黑龙江。1978 年被拆分的内蒙古地区重新回归自治区，形成了东北地区现有的行政区划范围。本书的研究样本为黑龙江、吉林、辽宁和蒙东四盟市的 41 个地级及以上城市。

1.3.2　城市化与资源环境作用阶段及特征分析

东北地区城市化水平较高，2018 年，平均城市化率为 62.91%，高于全国平均水平 59.58% 近 3.33 个百分点。纵观东北城市化发展历程，国家发展战略、经济发展趋势和产业政策对其影响深刻。本章以工业化以来东北城市化发展为开端（见图 1 - 1），以人口城市化率（城市常住人口比率）为主要依据，拓展以往学者的研究数据，将城市化规模的演变特征分为三个阶段，快速发展阶段、起伏阶段和稳定增长阶段。

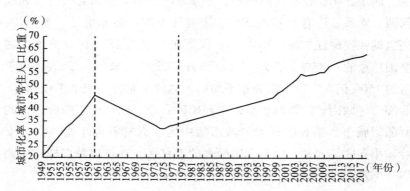

图 1 - 1　东北地区城市化进程趋势

资料来源：笔者应用 Excel 软件计算整理而得。

（一）城市化快速发展阶段（1949 ~ 1960 年）

1949 年以来，国家为恢复和发展生产、迅速建立社会主义工业体系，推行重工业优先发展战略。东北地区拥有丰沛的资源环境、优越的战略区位条件、便利的交通，成为国家工业化战略的主要建设基地。1953 ~ 1957 年，东北地区获得了苏联援建的 58 项重大建设项目，占全国重点建设项目总数的 37.2%（金钟哲，2016）；国家对东北地区投资也远高于其他地区，仅辽宁一省的投资额就达 65.1 亿元，1957 年后，东北三省计划共完成投资总额 89 亿元；鞍钢、长春一汽、沈阳机床厂和飞机制造厂建成投产。1958 ~ 1962 年，依托不同重工业产业和地域分工，形成了哈大齐工业轴带工业区，东北的重化工业体系和地域体系已经形成，城市化水平迅速上升。沈阳是东北重工业核心城市，又接近阜新煤矿和本溪、鞍山钢铁产地，沈阳老城区铁西区成为当时中国最大、最密集的重工业和装备制造中心，辽宁中部重工业城市群格局初步形成；吉林省原有工业基础较为薄弱，作为东北腹地，依托区位条件和交通优势，新建了丰满水电站、吉林热电站、辽源中央立井和通化矿区湾沟竖井等项目，该时期以长春为中心的交通运输机械工业城市逐渐发展起来；大庆油田、哈尔滨仪表厂、鹤岗煤矿等项目建设，吸收了大量重工业产业工人就业，资源依赖性城市逐渐兴起（李宏英，2014）。1958～1960 年受人民公社和"大跃进"影响，全国工业生产热情高涨，大量产业工人向城市集聚。1958 年邓小平同志考察东北时，指出东北三省钢铁产量约占全国的一半，机械制造水平占全国一半以上，东北城市化率由 1949 年的 22.7% 上升到 1960 年的 46.75%，创建国后城市化率最高点。①

此阶段，东北地区资源环境问题逐渐显现，但整体上不严重，资源环境并未出现太大失衡。如三江平原明显受到人类活动干扰，湿地面积缩小；据统计，1949～1960 年，旱涝灾害发生频率分别为 23.8% 和 33.3%；资源型城市不断向全国输送资源和能源，大范围开采造成土地荒漠化；重化工企业高度集中区环境污染严重（黄松筠，2014；刘文新，2007）；1953 年开始，工农业生产和城市建设排放的污水逐年增加，影响松花江干支流水质，20 世纪 60 年代，已从排放的废水中检测出大量的石油类、挥发酚、氯化物、汞、铬等有毒有害物质（刘文新，2007）；1950～1957 年，吉林省水土流失面积由 271.09 万公顷增加至 284.27 万公顷；1949～1960 年，松花江发生急涝灾害 1 次，重涝灾害 11 次。

---

① 邓小平、李富春视察辽吉黑三省时强调说　东北要大挖潜力支援全国［N］.人民日报，1958 – 10 – 1.

（二）城市化起伏阶段（1960～1978 年）

与其他地区规律一致，东北在"大跃进"时期忽略了区域劳动地域分工和城市自身发展客观规律，由于当时城市基础设施和各项物资供应困难，1958 年全国人民代表大会常务委员会第九十一次会议通过了《中华人民共和国户口登记条例》，严格划分农业和非农业户口，控制农业人口迁往城市；同时，1960 年为恢复农业生产和粮食供给，陈云同志提出"农业劳动力要固定下来，能够从城镇回来的人要回来"（陈云，1986），东北地区响应国家号召，裁员了大批新增城市劳动人口，1965 年年底，城市人口下降到 41.07%；1966～1976 年，受大量知识分子和干部上山下乡政策的影响，东北地区成千上万青年被下放劳动，出现了独特"反城市化"人口流动特征，在此期间，东北的工矿城市仍然向其他地区输送资源，加剧了当地城市化的非健康发展。

此阶段，研究数据显示，环境的恶化和资源的大规模开采已共同成为制约东北城市发展的瓶颈。具体表现为：1960～1962 年，东北地区经历三年困难时期，为应对粮食大幅减产，地方政府响应国家号召积极开垦荒地和撂荒地，出现很多毁林毁草开荒现象，东北地区水土流失年均增长 70.83 万公顷；荒漠化和土地盐碱化面积迅速扩大，恶化的年均增速为 1.5%～3.7%；湿地资源环境恶化导致旱涝灾害发生频率增加至 33.3% 和 47.9%（孟凡光，1999）；由于大部分资源型城市不合理开采，粗放利用，大量山体踩空，地表坍塌或沉降，1970 年辽宁省出现七处较大的采煤深陷区，总面积达 333 平方千米；草原面积逐年缩小，由此引发大风灾害使农业减产，据统计，1970～1978 年，每年约 5% 农田受灾；20 世纪 70 年代初，长春市的工业废水几乎未经处理直接排入水体，水质恶化使第二松花江段—吉林市下游鱼虾几乎绝迹（王稔华，1986）；1973 年松花江发生重涝灾害 2 次；森林蓄积量由 1962 年的 24.43 亿立方米下降到 1976 年 20.78 亿立方米。

（三）城市化稳定增长阶段（1978～2020 年）

1978 年党的十一届三中全会后，以阶级斗争为纲转变为以经济建设为中心，我国实行对内改革、对外开放政策。东北地区城市化水平不断提高：农业生产恢复，大批知识青年返城；雄厚的工业基础和中央政府在人才、预算和项目上的支持，使传统资源型和重工业国有企业迅速发展，奠定了国民经济发展的物质基础和政治基础，是东北老工业基地增长的主要推动力。1978 年，非农业人口比重为 34.05%，到 2003 年增长至 44.8%，居于全国前列（王士君等，2006）。2003 年东北三省及蒙东设市城市 101 个，其中有 8 个非农业人口超过 100 万的特大城市。虽然该区域是我国工业集聚、人口稠密和城市化水平较高的地区，但经过改革开放后 30 多年的大量开采和粗放使用，传统资源型企业丧失绝对优势，先后出现了"东北现象"和"新东北现象"。2004 年 8 月 3 日，时任总理温家宝提出振兴东北战略，实施了涉及国有企业和事业单位改革、新兴产业、金融、乡村振兴、科技人才、绿色发展和生态保护等方面的措施，为东北城镇化发展带来新契机。自 2004 年以来，东北地区城市体系日臻完善，城乡一体化进程加快。2004～2018 年城市化增长了 8.14 个百分点，2018 年年底，东北地区共有县级及以上城市 243 个。按现行我国城市规模划分标准，截至 2018 年东北城区常住人口 100 万以上、500 万以下的大城市有 9 个，常住人口 500 万以上、1000 万以下的特大城市 2 个。[①]

此阶段处于东北城市生态文明明显失衡时期，资源环境在某些

---

① 根据 2019 年的《中国统计年鉴》《内蒙古统计年鉴》计算而得。

地区的某些方面已出现显著的问题，具体表现为：1985 年，松花江流域发生 4 次重涝灾害，3 次急涝灾害。20 世纪 80 年代，东北地区木材产量占全国 38.4%，大小兴安岭由于长期的"重采轻育"，林区进入可采森林资源枯竭期，天然林大幅锐减，1978 年我国启动东北防护林工程建设，生态效益显著；东北平原西部地区土地荒漠化严重，1980 年初期大规模农业开垦，地表植被破坏，草场面积以年均 1.4%~2.5% 速度递减；联合国环境计划署（UNEP）对我国东北沙尘暴调查数据显示，20 世纪 70~80 年代发生频率高出 50 年代的 5 倍；吉林西部土地荒漠化面积以每年 1.4% 速度增长，严重威胁东北中部平原的产粮区安全；我国著名的丹顶鹤湿地自然保护区向海水库面积较 1980 年缩小近 2/3，生物多样性减少，生态系统结构受到严重破坏；东北地区污染密集型工业主要布局在城市密集区，松辽流域水资源保护局资料显示，浑河流经抚顺、沈阳后，松花江流经吉林市、长春、哈尔滨后，水质往往从 Ⅱ 类恶化超过 Ⅳ 类。

1.4

研究方案

1.4.1 研究思路与技术路线

针对我国东北地区城市面临日益严峻的人口、资源与可持续发展问题，以及东北振兴中的各种困境，本书试图通过理论和研究体系创新，以东北 41 个地级及以上城市为经典研究案例，基于复杂性科学理论，构建一个系统的城市化与资源环境交互影响研究框架，在此框架指导下，基于传统的社会经济、资源环境统计与调查数据、地理信息空间数据，综合运用新城城镇化建设、环境库兹涅茨曲线学说、自然价值论、产出密度模型、空间计量模型和面板门槛模型等理论和方法，系统阐释地级及以上城市化与资源环境非线性和空间交互作用机理。重点回答：如何科学理解城市化与资源环境复杂交互影响系统并构建一个合理有效的解释框架？地级及以上城市尺度下，两大系统间及系统各因子间存在怎样的作用特点、状态判断和阶段性特征？

　　本书按提出问题—构建理论框架—实证研究—政策设计—结论与展望五部分展开，具体研究思路为：在充分了解国内外、不同尺度、不同指标体系、不同研究方法城市化与资源环境交互关系研究基础上，系统总结当前国内外研究理论、研究侧重点与研究方法的最新进展，并对现有成果进行评述。借鉴以往研究成果与复杂性思想，科学剖析城市化与资源环境相互作用的复杂性特征，并对二者的协调性进行数理分析，提出完整的交互作用模型，基于分阶段、空间视角和产出密度模型等理论构建本书的研究框架。基于以上理论框架，通过定性和定量相结合、空间数据、大数据与统计数据相结合的方法针对东北地区开展实证研究。首先，将环境成本内生于产出密度模型，筛选主控变量。其次，构建城市化与资源环境交互影响的指标体系，定量解构地级及以上尺度两大系统交互作用的演化规律，并划分阶段和类型进行政策设计。最后，总结和梳理了本书的核心结论，指出不足之处，并对未来研究进行展望。具体技术路线和章节安排，见图 1-2。

1.4.2　研究内容与研究目标

　　基于上文的研究思路和技术路线，本书的核心内容包括以下几个方面。

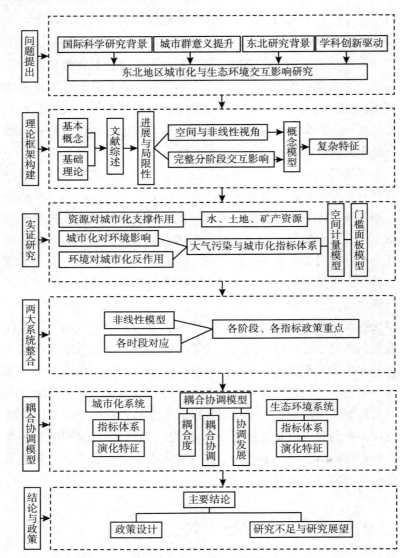

图 1-2 研究路线图

（一） 构建城市化和资源环境交互影响理论框架和概念模型

借鉴前人研究成果和复杂性理论，科学剖析城市化与资源环境交互影响的系统复杂特征，提出该交互作用的概念模型，进而基于空间溢出和分阶段视角构建本书的解释框架，丰富两大系统复杂性研究范式，提出三个阶段解释模型，即资源环境对城市化的支撑作用、城市化对资源环境的影响以及环境对城市化的反作用，将三个阶段理论模型按时间对应，整合成一个研究体系，探讨资源消耗不同阶段对应的城市化发展水平，依次测算对应环境污染状况程度和环境对城市化的反作用程度。

（二） 实证检验城市化和资源环境交互影响理论框架的合理性

通过大量文献阅读及发展规律总结，选取人类最易感知和对生产生活影响最为广泛的大气污染及城市化指标体系，基于空间杜宾模型及面板门槛模型检验本书三个阶段模型的准确性与合理性。在资源环境支撑城市化阶段，本书利用东北 1986～2017 年地级及以上城市数据得出城市化不同阶段对各类资源需求数量的差异；在城市化对资源环境影响阶段，本书探求不同城市产业发展、城市规模和人口城市化水平下对资源环境影响的差异性，并结合空间溢出角度分析了城市化对环境影响的深层次原因；资源环境系统对城市化系统反馈作用部分的研究，得出反作用在东北地区的发展程度及产业转移情况。

（三） 提出科学合理的东北地区城市化与资源环境协同发展路径与政策

东北的资源环境情况不容乐观，已经成为经济发展的重要制约因素。基于城市化与资源环境交互影响的实证分析和规律总结，从城市化发展和资源环境协同治理角度，提出合理的具有针对性的东北城市发展路径与政策建议。

（四）测度城市化与资源环境耦合协调性

从耦合概念出发，通过引入距离协同模型，以及构建协同发展指数，从东北地级及以上城市尺度，定量测度城市化与资源环境的耦合度、耦合协调度、协同发展程度，分析其演化趋势，划分耦合阶段和耦合类型，为该区域未来可持续发展提供依据。

1.5

本书创新点

（1）理论边际贡献。城市化和资源环境系统均是典型的开放复杂系统，如何科学把握两大系统间存在的时间空间多重反馈和尺度嵌套规律是本书应讨论的首要问题。现存文献仅对二者发展的某一阶段开展研究，如资源环境对城市化发展的制约作用，资源诅咒是否成立，城市发展对环境的影响及环境污染对城市化发展的负效应等，人为割裂了两大系统间累积影响的持续性与完整性，针对城市化与资源环境交互作用"过程—机理"的经济学研究范式分析很少见，导致经验研究背后的理论解释缺乏深入性与系统性。基于大量文献阅读和对两大系统的整体把握，在尊重客观事实基础上，从城市化发展不同演变阶段视角出发，选取反映主要变化特征的核心主控因素，将两大系统交互作用提炼为三个阶段：①资源环境对城市发展的支撑作用；②城市化对资源环境的影响；③资源环境对城市化的反作用。并按时间顺序重新审视三个阶段发展进程中的内在关联，因为某阶段或时点呈现的城市化与资源环境作用特征非瞬间产生，可能是在前阶段或更前阶段基础上演变而来，具有累积效应。例如相邻阶段是否存在因果联系？后一进程是否为前一进程的必然结果？

初始阶段：资源环境消耗数量不同时城市化发展到什么程度？当城市发展主要依靠资源环境而非高新技术和资本时，是否会导致不可再生资源的过度使用而使其濒临枯竭，以损害资源环境为代价换取城市化发展的后果？

中间阶段：城市化对资源环境存在何种影响？是初始阶段导致的后果吗？

最后阶段：资源环境对城市化的反作用体现在哪些层面？当人类赖以生存资源环境遭到破坏时，社会经济活动屡超资源环境承载上限时，是否对城市化发展起到反作用？

进一步，从整体对三个阶段把握中，两大系统间动态演变特征是否存在一定发展规律？此思想创新性地构建科学有效的、体现城市化与资源环境交互影响内在机理的完整框架，丰富该领域的理论内容，且扩展此类问题研究广度与深度，推动研究范式的升级，以达到对未来发展趋势进行科学预判和精准预测之目的。

（2）实证边际贡献。上述问题提出前提下，本书以计量模型证实理论层面中所提的每个发展阶段不同因素之间的关系，但对自然资源、城市发展、城市化和资源环境来说，每个因素均体现大量特征，经验研究中选取能够最大限度包含其特征的众多指标，同时创新性地将空间计量模型与面板门槛模型结合，以分析城市化对资源环境空间和非线性影响路径，证实不同发展阶段两者关联，达到验证上述理论准确性与合理性的目的。

（3）得到时间定义域各节点资源环境与城市化交互影响规律。本书在厘清各阶段东北地区城市化与资源环境交互作用规律基础上，得出各时间点和各城市化作用的准确数据，形成对政策的有益参考，这些参考形成条理清晰的政策框架。

（4）从城市化与资源环境复杂性研究角度为我国研究两大系统关系提供范例。东北地区是我国城市化发展水平较高地区和资源型城市密集区，其城市化与资源环境交互影响是否呈现和理论中所提与其他地区存在差异化的发展规律？同时，东北经济发展经历了繁荣、衰落、振兴和重新调整的完整历史过程，城市化与资源环境的交互影响规律对我国其他地区城市可持续发展具有较大的参考价值。

第 2 章

理论基础与研究进展

自 20 世纪末以来，中国城市化取得巨大经济成就的同时，因环境与生产要素发展不平衡，引发了较为严重的资源环境问题，深入探究城市化与资源环境的互动机理对促进我国经济进入新常态发展具有重要意义。2012 年，亚洲开发银行（ADB）、中华人民共和国环境保护部、中华人民共和国国家发展和改革委员会在《迈向环境可持续的未来——中华人民共和国国家环境分析》报告称，基于疾病成本估算中国空气污染每年造成的经济损失，相当于国内生产总值的 1.2%。根据 2018 年耶鲁大学、哥伦比亚大学和世界经济论坛（World Economic Forum）联合发布的环境绩效指数（Environmental Performance Index），中国在参评的 180 多个国家中，PM2.5 污染环境质量评估排名倒数第四。经过中国政府的不懈努力，资源环境治理能力明显增强，2013 ~ 2017 年，全国重点地区 PM2.5 平均浓度下降 30% 以上，全国地表水优良水质断面比例增至 73.5%，全国森林覆盖率由 20 世纪初的 16.6% 提高到 22%。本章在对城市化和资源环境概念和二者关系相关理论阐述基础上，根据研究需要，分别从城市化发展的资源环境支撑、城市化对资源环境的影响、城市化对环境污染的作用途径、环境污染对城市化的影响四方面对相关成果进行回顾。

2.1
相关概念

2.1.1　城市化

城市化（urbanization），也称都市化、城镇化。城市化最初的表现是人口的集聚，大量城市人口的出现产生了其他城市活动。这个概念最早源于 1867 年西班牙工程师塞尔达（A. Serda）的著作《城镇化基本理论》，urbanization 包含英文中的 urban 和 city，理解为人口逐渐向城镇和城市集中的过程，而城市化的直接后果是城市产业的变迁。此后，urbanization 这一术语被学术界接纳并广为流传。马克思资本城市化理论认为，城市的本质是资本的空间集聚，是资本主义制度下的人造环境。资本积累为城市化发展提供了动力，资本家榨取劳动剩余价值扩大资本积累。扩大的资本积累使工业生产规模扩大，城市空间形成。《不列颠百科全书》将城市化定义为人口集中到城市地区的过程，通过城市数量增加和城区人口的增长两种途径实现。经典概念提出后，国外诸多学者对城市化内涵进行了研究。美国经济学家华纳赫西（Warner Hussey）将城市化定义为，由人口稀疏变为人口集聚、由广阔空间变为高密度利用空间、由强度大的个体劳动变为社会化大生产的过程。R·罗西在《社会科学词典》指出城市化是人口集中的过程，主要表现为：一是城市边界不断向农村蔓延的过程；二是城市逐渐成为区域文化中心的过程；三是人口不断向城市集中的过程及城市数量的增加过程；四是城市人口比重不断增加的过程。科林·克拉克（Colin G. Clark）认为城市化表现为两个方面的转变，农村人口向城市人口的转变及第一产业向第二、第三产业的转变。日本学者山田浩之从经济基础和文化上层建筑完善城市化内涵，包括经济总量的增长，经济结构的优化、公民生活质量的提高及文化、生活方式的改变。日本学者矶村英一在其编写的《城市问题百科全书》中提出城市化可分为动态的城市化、社会结构的城市化和思想感情的城市化。赫茨勒从人口学角度定义城市化，认为城市化是农村人口流向城市的过程，是动态的过程。弗里德曼将城市化的内涵研究推向高潮，提出了解释空间发展不均衡的"核心—边缘理论"，指出城市和乡村是非均衡发展的，城市吸引大量资本、劳动力、信息等要素集聚，是区域经济增长极，支配区域发展。

20 世纪 70 年代，城市化（urbanization）概念引入我国。1979年吴友仁发表《关于中国社会主义城市化问题》[①]，开创了中国城市化理论研究的开端，文中提到现代化的过程就是城市化的过程，前瞻性阐述了我国城市群的发展状况。1991 年高佩义第一次比较全面地给出了城市化的含义，即城市化是一个变传统落后的乡村社会为现代先进城市社会的自然历史过程。随着我国经济发展和城市化的大幅度推进，城市化已成为经济学、地理学、社会学、人口学和环境科学等学科的研究热点。经济学主要从集聚的角度定义城市化，城市化是要素、生产、交换和消费在城市区域集聚的过程（韩峰，2017；杨仁发，2016）；地理学认为城市化是城市要素在空间扩大的过程，既包括区域范围内城市数量的增加，又包括每个城市地域的扩大（傅建春，2015；魏守华，2016）；社会学从社会关系与组织变迁角度定义城市化，把城市化过程看作社群网的广度不断扩大、密度日益降低、人际关系逐渐趋向专门化与单一化的过程（尹稚，2005；张亚京，2019）；人口学指出人的城镇化是城镇化的

---

① 吴友仁. 关于中国社会主义城市化问题 [J]. 城市规划，1979（5）：13 – 25.

核心（李克强，2012），城市化是非城镇人口向城市转化和集中，城镇人口比重逐渐提高的动态过程（王桂新，2014，2013）。当前，人类越发重视城市化过程中的生态问题，环境科学将可持续发展理念引入城市发展中（张倩，2015）。

2.1.2　资源环境

资源与环境是不可分割的整体。资源环境是人类社会发展的本底条件，为人类提供生存、发展和享受的物质与空间。人类利用和改造自然历史悠久，但资源环境这一基本概念，是在漫长的生产生活中逐渐被认识并完善的。我国最早使用资源环境一词是在1982年召开的全国人大五届五次会议上，时任全国人大常务委员会委员、中国科学院地理研究所所长黄秉维院士指出自然界平衡是动态的过程，应以保护资源环境替代保护生态平衡。会议最终通过这一新提法，将资源环境引入《宪法》第二十六条，此后政府工作报告也采用相似表述，"资源环境"一词沿用至今。大部分学者认为资源环境是指与人类密切相关的，影响人类生活生产活动，适宜人类生存和发展的物质条件的综合体（陈百明，2013）。按地球外部圈层特征分类，可分为生物资源、土地资源、森林资源、矿产资源和海洋资源等。社会化的效用性和稀缺性是其根本属性，随着技术进步及人类生活质量的提高，资源环境的概念不断拓展。如清新的空气、优质的水源和优美的景观等环境要素，可提升人的生活品质，因此，环境要素同样为人类提供了服务，将所有环境要素纳入资源环境的范畴是合理的。资源环境作为人类活动的投入要素，是人类生产生活的本地条件，同时也承载了大量人类活动所导致的环境影响（李小云，2016）。所以资源环境问题既包括自然资源的消耗问题，也包括环境污染问题。在本书中，城市化与资源环境的相互作用规律是典型的资源环境命题，是制约经济和社会发展的重大问题。

2.1.3 城市系统

城市系统，也称城市体系，是 20 世纪 50 年代后城市地理研究中被广泛引用的术语，威尔逊的论著最为经典，其在著作《地理学与环境》中提出，城市是自然、社会和生产生活活动综合作用的系统，各子系统又包含着许多差异化次级系统，不同规模、行政级别的城市在区域内部不断进行物质流、能量流、人员流、信息流交换。近年来，学者们普遍接受的定义为，在区域尺度上，将单个城市作为研究对象，任何城市都不是孤立存在的；在城市运行中，城市系统不停地与外部环境及城市各子系统间进行要素、资本、资源、劳动力、物质和信息交换，并把区域内的城市结合为具有一定结构、比较优势和功能的有机整体，这样的有机整体称为城市系统（杨亮洁，2014）。由此可见，城市化是一个多维的过程，是一个复杂的巨系统，通过形成复杂的、动态的协作关系网络，达到各种资源的优化整合，实现城市的可持续发展。

2.1.4 资源环境系统

资源环境系统，指在一定的地域空间范围内由若干个相互作用、相互依赖的资源环境要素有规律地组合成具有特定结构和功能的有机整体，是生命有机体赖以生存、发展、繁衍、进化的自然本底条件与支撑系统，是各种生态因子和生态关系的总和，是典型的复杂系统（齐杨，2015）。其内在本质在于各生态和环境要素间相互关系和作用的过程，是生命体在有限的时空范围内所依存的各种生态关系的功能性集合。资源环境系统基本涵盖了土地利用与土地覆被（土壤环境、不透水地表）、水资源（水环境）、生物多样性、大气环境（雾霾、氮氧化物）、能源消费、城市热环境、生态系统碳氮循环等。其主要功能是为主体提供生态服务，涉及生态系统和人类福祉间关系，不仅有自然因子，也包括部分社会因素特别是政策、体制、技术和行为因素及社会关系，是自然环境、经济环境和社会环境的交集（王如松，2013）。我国2015年发布的《资源环境状况评价技术规范》中将资源环境定义为人类直接的生存和发展环境，也是一个多维的直接和间接、有形和无形相辅相成的生态空间，包括生物因子（如植物、动物等）和非生物因子（如光、水分、大气、土壤等）。从人类生存与发展的角度可分为水资源、土地资源、生物资源、气候资源等。环境是相对主体而言的，当代环境科学是研究环境及其与人类的相互关系的综合性科学，在研究和解决环境系统问题方面，也可从人类活动对资源环境作用方面入手。

2.2 城市化与资源环境相关理论

2.2.1 复杂性理论

复杂性理论是系统科学的一个前沿方向，本书超越"人类中心主义"和"自然界中心主义"（Liu J，2020），遵循马克思主义人与自然统一性的世界观，将城市化与资源环境放在同一系统框架下进行讨论。根据上文对城市化和资源环境定义的陈述，本书认为城市化和资源环境的相互作用关系是人地系统中极为重要的一环，两大系统既有自身的发展规律和影响因子，又通过不断的物质循环、能量流动和信息交换，形成一个相互联系、支撑和制约的复杂耦合巨系统（钱学森，1990）。复杂适应系统（Complex Adaptive System，CAS）理论最早由约翰霍兰（John Holland）于 1994 年提出，后经不断丰富、发展，成为较成熟的理论体系：微观上，城市化和资源环境两大系统都是有适应能力的主体，相互作用时，根据反应的效果改变内部的行为规则，以便更好地适应改变；宏观上，两大主体及主体间各子系统相互作用，分化、涌现出各种复杂的演化过程。其演变规律经历从无序到有序、动态性及层次性的过程（李双成，2010）。根据复杂系统理论，城镇化与资源环境耦合系统具有以下主要特征：

（一）开放性

系统的混乱程度可用熵来衡量，爱因斯坦曾把熵理论在科学中的地位概述为"熵理论对于整个科学来说是第一法则"。普利高津以总熵变公式：$dS = d_I S + d_E S$ 为工具，科学地论证了开放性是自组织的必要条件。如图 2 - 1 所示，大圆虚线表明城市化和资源环境是开放的两大系统，开放性一方面表现为与外部环境的相互依存、相互作用，完成要素与信息的流动，另一方面，城市与自身、邻近城市及农村地区的水环境、土地环境、大气环境、资源矿产及生态要素进行广泛的联系与信息交流。dS 是系统内部混乱产生的熵值（包括跨行政区的水污染、大气污染物、要素流动、信息共享等）。当总熵变 $dS < 0$ 时，即 $d_e S < 0$，且 $|d_e S| > d_i S$，系统从外部环境中获得的负熵大于内部正熵增加量，表现为减熵过程，系统的总熵随时间推移而减少，由无序转为有序，整体协同演进（卫郭敏，2018）。

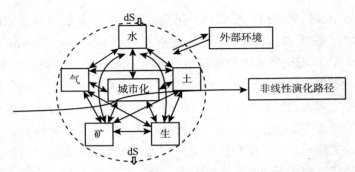

图 2－1　城市化与资源环境复杂性影响示意图

资料来源：笔者根据已有理论应用 Word 软件整理而得。

（二）非线性

非线性（nonlinearity）指系统的输出响应特性、状态响应特性、状态转移特性中至少有一个不满足叠加原理的齐次性要求。整体具有部分或部分总和没有的性质或高层次具备低层次没有的规律。城市化与资源环境耦合系统是城市化要素间、资源环境各要素间以及城市化与资源环境各要素间，存在极其复杂的非线性相互作用，两大系统内部及相互作用间的大量微观与宏观要素"竞争"与"协同"产生出宏观的"序"，其结果形成了错综复杂的层次结构体系。而竞争与协同本质上是非线性的，因此城镇化与资源环境耦合系统数学模型中的方程式均为非线性，系统内部以及子系统间的正负反馈也是非线性，只有非线性系统才有整体行为，才能产生整体涌现。

协同效应量化了系统的结构和功能，但要素间同样会产生消极影响，破坏系统结构，恶化系统功能。①城市化对资源环境的影响是双向的：一方面，城市人口过度集中、城市建成区无序扩张、污染企业为获得最大利益排放增加，快速的城市化发展超过资源环境分解、自净的速度，对资源的过度开发和侵占势必激发人地矛盾，产生区域环境污染，使生态系统难以修复（刘艳艳，2015）；另一方面，城市经济建设活动在资源环境容量和承载力范围之内，利用城市要素集聚优势，投入更多的科技、资本、劳动力，提高能源使用效率，清洁生产，从外延扩张向内涵发展方向转变，从高耗能高污染向资源节约与环境友好型转变，把城市化纳入加快转变经济发展方式主线（杨志勇，2012；范剑勇，2013）。②资源环境是城市化的动力支撑，同时其承载力约束城市发展，具体表现为：一方面，水资源、土地资源和矿产资源等是城市经济建设、居民生活发展的基本支撑和保障性条件；另一方面，资源环境承载力制约城市化发展的速度和规模，当城市经济活动对环境的影响超过了环境所能支持的极限，人居环境恶化，人口流失，经济社会不可持续发展。

（三）自组织

自组织指复杂开放系统通过与外界进行物质、能量和信息交换，系统内部各子系统间自发地由无序走向有序，由低级有序走向高级有序的过程。自组织是一种自发性行为，主体行动可以自由选择，而"他组织"是一种自上而下、由外而内、有计划控制的发展方式（Kauffman，1993；王印传，2013）。城市发展通常经历节点形成、扩张、内部结构调整（相对稳定）、再次扩张的过程（汤放华，2010），城市内部结构调整过程自组织起主导作用。城市发展到一定阶段以后，会出现一系列城市问题，如环境污染、生态破坏、资源短缺等，此时城市要进行内部结构调整，降低城市运行成本，提高资源环境质量，政府将重污染产业迁移至其他地区，加强当地环境规制力度。环境也有其运行的自身规律，生态自我修复能力是大自然所固有的客观规律，自然环境可以通过大气、水流的扩散、氧化以及微生物的分解作用，将污染物化为无害物，恢复原来状态。但资源环境的自我恢复能力是有限度的，不能超过环境容量。人类社会的历史，实质上是人类活动和自然环境相互作用、相互制约的历史，城镇化与资源环境耦合系统的发展在时间序列上也是一种自组织过程，以环境承载力为约束条件，使城市经济发展建立在环境不被破坏或少被破坏的基础上，努力实现城市经济社会发展与环境污染脱钩。

（四）支配性

支配性原理是协同范畴的基本原理，将复杂系统中的变量分为慢变量和快变量。慢变量相对于快变量随时间变化较慢，阻力较小，当系统发展达到某一阈值时，快变量迅速地按指数衰减使系统达到某种稳定状态，而慢变量逐渐变化，使系统在跨过阈值后发生质的改变，达到一种新的状态。因此，慢变量支配着系统，也支配着快变量。这些确定系统的宏观行为并表征系统有序化程度的慢变量也称为序参量（order parameter）（赫尔曼·哈肯，2005）。协同研究的一般为系统的宏观行为，引入的序参量一般为宏观指标，当存在多个序参量共同主导系统演变方向时，应进行序参量识别，运用恰当的权重确定方法，计算序参量组合，从而更加科学客观地了解整个系统的演化行为。城市化与资源环境相互作用的复杂系统中，水资源总量、空气质量、能源消费总量、城市人口比重、建成区面积等变量是起支配作用的慢变量。耦合系统中以上各要素混合，发展结果体现各要素特征，序参量组合合力的变动趋势决定系统演化方向。

2.2.2　城市生态安全理论

布朗（Brown）于 1977 年首次提出生态安全概念，生态安全是维护某一地区或某一国家乃至全球的资源环境不受威胁的状态，能为整个生态经济系统的安全和持续发展提供生态保障。人类社会经济活动不断向资源环境系统索取资源，当环境压力超过环境容量时，资源环境系统将对人类活动构成威胁，使人类感到不安全。其定义可扩展为实现资源环境和生态系统服务的可持续利用和合理补偿，最大限度地降低因生态系统的结构和功能严重失调、资源环境枯竭、能源效率下降给居民生活和规模化生产造成的负面影响，避免因资源环境危机波及城市、区域和国家的政治、经济和能源安全。党的十八届五中全会明确提出，坚持绿色发展，有度有序利用自然，构建科学合理的生态安全格局。生态安全是与国防安全、经济安全、能源安全、粮食安全同等重要的安全概念，是在准确把握国家安全形势新常态背景下做出的重大国家战略部署。

城市生态安全概念起源于居民对良好人居和发展环境的需求，逐渐形成了自然禀赋、资源环境现状基础上（资源环境）的具体目标理念。生态安全是人类生存的基本保障，是资源环境保护和可持续发展的根基和先决条件，人类所有活动都必须依托于所栖息的资源环境，其包括饮用水与食物安全、空气质量与绿色环境、市政服务设施和减灾防灾措施等基本方面。城市是我国各类要素资源和经济社会活动最集中的地方，其建设更需注意生态安全的底线。

目前学者普遍认可的城市生态安全理论框架包括：城市生态系统安全、城市整体生态安全、城市因子生态安全、城市发展生态安全四方面内容（见图 2-2）。城市生态系统安全包括本地及邻近城市地表有机体环境高效、安全、舒适与和谐，也包括资源环境和环境的实际承载力的安全范围；城市整体生态安全指城市作为一个复杂开放的巨系统，评价和度量其整体的安全系数，包括生态建筑设计规范、城市安全监控和评价体制、生态建设的联动和利益机制等；城市因子生态安全指城市巨系统下各子系统的生态安全，如城市产业的生态安全，居住区的宜居程度，城市土地利用的可持续程度等；城市发展生态安全指城市化水平提高和城市功能增强不会引起生态事故的发生，能够维护城市可持续发展、与资源环境和谐共生的状态，同时城市发展是动态的，城市发展生态安全同样具有时空演化特征，包括形成绿色发展方式和生活方式、城市发展强有力的资源支撑等。

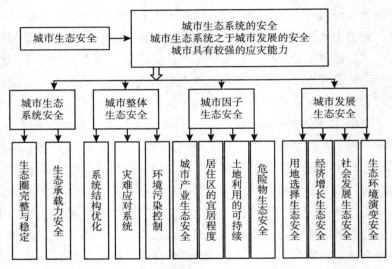

图 2 – 2　城市生态安全理论框架示意图

资料来源：笔者根据已有理论绘制。

2.2.3　环境库兹涅茨曲线

环境库兹涅茨曲线是描述环境质量与经济发展之间规律的一种经验说法。1991 年美国经济学家格罗斯曼和克鲁格首次用经验数据证实了环境质量与人均收入之间呈倒"U"型关系。此后，1992 年世界银行发展报告的支撑论文（Shafik and Bandyopadhyay，1992）以及国际劳工组织发展研讨会论文（Panayotou，1993）均验证经济发展过程中，环境污染呈现先恶化后减轻的趋势，这种倒"U"型关系被称为环境库兹涅茨曲线（Environmental Kuznets Curve），简称 EKC。

　　随着研究问题的不断深入，对 EKC 理论探讨和机理诠释日益引起学者的重视，分别从规模效应、技术效应、经济发展水平、外部性、结构效应和环境规制等角度进行了探讨和比较分析。关于拐点的解释，一方面，经济发展促进了环保技术进步与产业结构升级，从而降低了高收入时的环境压力；另一方面，环境收入需求弹性增加即居民对环境质量要求不断提高，当地政府提高环境规制标准，一部分污染企业外迁。关于曲线的平缓程度，有研究发现随着经济增长，环境政策实施可降低环境污染程度，曲线变得平缓；一些研究者认为，污染产品净进口国通过国际贸易将环境压力转移至贸易净出口国家，曲线平缓，反之，污染产品净出口国曲线较为陡峭。由于研究的区域、模型设定及经济发展和资源环境系统的差异性，大量数据的数理模型出现了多种曲线形式，除经典倒"U"型外，还有同步关系、"N"型和倒"N"型等。在理论探讨中，常用如下表达式考察环境压力与经济发展之间的关系：

$$\ln E = \mu + \beta_1 \ln PGDP + \beta_2 (\ln PGDP)^2 + \beta_3 (\ln PGDP)^3$$

　　其中，E 代表环境压力，PGDP 代表经济增长指标。曲线形状由变量 β_1、β_2 和 β_3 具体系数值决定。①$\beta_1 > 0$、$\beta_2 < 0$、$\beta_3 > 0$ 时，曲线为"N"型，见图 2-3（a）；②$\beta_1 < 0$、$\beta_2 > 0$、$\beta_3 < 0$ 时，则为倒"N"型曲线，见图 2-3（b）；③$\beta_1 < 0$、$\beta_2 > 0$、$\beta_3 = 0$ 时，为"U"型曲线，见图 2-3（c）；④$\beta_1 > 0$、$\beta_2 < 0$、$\beta_3 = 0$ 时，曲线呈倒"U"型，见图 2-3（d）；⑤$\beta_1 > 0$、$\beta_2 = \beta_3 = 0$ 时，则为递增型直线，见图 2-3（e）；⑥$\beta_1 < 0$、$\beta_2 = \beta_3 = 0$ 时，曲线为递

减型直线，见图 2 - 3 （f）；⑦$\beta_1 = \beta_2 = \beta_3 = 0$ 时，环境与经济发展间呈同步水平关系，见图 2 - 3 （g）。

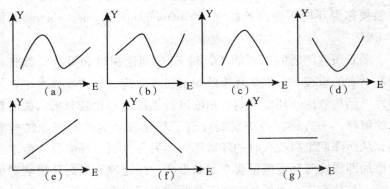

图 2 - 3　环境压力和经济增长关系曲线

资料来源：笔者根据库兹涅茨倒 "U" 型曲线假说应用 Visio 软件整理而得。

传统观点认为经济发展向大自然索取，经济发展必然带来环境污染（Meadows，1984）。早期研究通常采用线性的时间序列模型检验二者之间关系。理论方面，随着 EKC 研究的不断发展和完善，众多学者发现二者呈非线性关系，因而采用二次多元、三次多元和对数模型对二者关系进行分析（宋马林，2011；Bassetti，2013）。数据和方法上，由于研究数据逐渐由时间序列向截面、面板数据扩展以及空间计量经济学的发展，人们开始采用空间计量和动态模型对资源环境与经济之间关系进行检验（邵帅，2016；崔鑫生，2019）。

2.2.4　新型城镇化和环境治理

根据世界城市化发展的普遍规律，我国城市化尚处在理论划分的第二阶段，此阶段城市化率在 30% ~70% 区间，处于城市化高速发展阶段，传统高投入、高消耗、高排放的工业化城镇化发展模式会引起产业链低端、资源环境恶化等社会问题。我国城镇化是在人口多、资源相对稀缺且供需不平衡、资源环境比较脆弱、区际发展不平衡背景下推进的，因此"新型城镇化"是我国城市化发展的重要战略和改革方向。2014 年中共中央和国务院发布《国家新型城镇化规划（2014－2020 年)》，时任总理李克强提出根据资源环境承载能力来构建合理的城镇化布局要求，并指出："新型城镇化是以城乡统筹、城乡一体、产业互动、节约集约、生态宜居、和谐发展为基本特征的城镇化，是大中小城市、小城镇、新型农村社区协调发展、互促共进的城镇化"。与传统城市化相比，新型城市化不是城市人口比重的增加和建成区面积的扩张，而是要在产业支撑、人居环境、社会保障、生活方式等方面实现由"乡"到"城"的转变。

《国家新型城镇化规划（2014－2020 年)》指出，城市化发展过程中与资源环境矛盾表现为两个方面：一是当前我国城镇空间分布和规模结构不合理，与资源环境承载能力不匹配；东部高度发达城市群环境承载力空间不足，中西部环境承载力较强地区城市化发展相对滞后。二是城市管理服务水平不高，"城市病"问题日益突出；重经济发展、轻环境保护的城市建设使环境安全问题频发，城市污水、废气和固体废弃物的处理能力不足，人居环境较差。

发展新型城镇化，提升城市化发展质量，形成以综合承载能力为支撑，走以人为本、优化布局、生态文明中国特色新型城镇化道路（见图 2－4），具体而言，要做到：

（1）根据土地、水资源、大气环流特征和资源环境承载能力，构建科学合理的城镇化宏观布局。集约节约利用土地，合理设定不同功能区土地开发利用的容积率、绿化率、地面渗透率等规范性要求；促进水和能源资源的循环利用；扩大城市生态空间，在城镇化地区合理建设绿色生态廊道；实施大气污染防治行动计划，开展区域联防联控联治，改善城市空气质量。

（2）加快绿色城市建设。将生态文明理念全面融入城市发展，构建绿色生产方式、生活方式和消费模式。绿色城市建设的重点有：①绿色能源；②绿色建筑；③绿色交通；④产业园区循环化改造；⑤城市环境综合整治；⑥绿色新生活行动。

（3）强化资源环境保护制度。把资源消耗、环境损害、生态效益纳入城镇化发展评价体系；实行资源有偿使用制度和生态补偿制度；建立吸引社会资本投入资源环境保护的市场化机制，推行环境污染第三方治理。

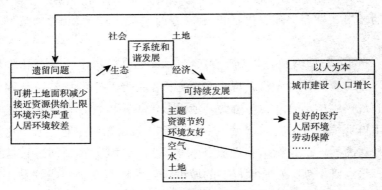

图 2 - 4　新型城镇化理论框架

2.3

城市化与资源环境相互作用研究进展

城市化与资源环境协调发展一直是国内外的研究热点，也是经济社会发展的核心议题之一，城市化过程是一个社会、经济、技术变革进入乡村的过程，实质上也是内部资源集聚和外向型扩张综合作用的过程。城市化过程包括人口城市化（农村人口转化为城市人口）、空间城市化（农村或自然区域转变为城市地区）、经济城市化（经济模式、生产方式）、生态城市化（景观转化、城市下垫面变化）和社会城市化（社会关系与组织变迁）等过程。资源环境系统基本涵盖了水资源（可资利用或有可能被利用）、土地资源（土地利用与土地覆被）、不可更新资源（矿产资源）、生物多样性、大气环境（PM2.5、二氧化硫、臭氧）、城市气候（热岛效应）。资源环境系统为城市提供生存、发展和享受的物质与空间，随着城市发展和科学技术的进步，开发的资源和排放的污染越来越多。20 世纪 80 年代以来，自然环境要素（资源环境系统）和社会要素（城市化系统）交互作用的非线性关系及特征引起越来越多学者关注，通过各系统要素间关联影响逐步揭示了各自然环境要素和社会要素间的相互作用机理与规律（Hull et al., 2015b）。

由于城市化和资源环境均是复杂巨系统，涵盖因素纷繁复杂，国内外关于二者交互作用研究成果较为丰富，主要涉及资源环境对城市发展的约束和支撑作用、两大系统的协调关系、关系检验和作用路径、作用结果的异质性研究等，建立两大系统间的数量变化模型研究较多，包括生态足迹、环境库兹涅茨曲线、KAYA 恒等式、IPAT 模型、STIRPAT 模型等（Yabo Zhao，2016；Yuzhe Wu，2017；Qichen Dong，2020；Shoufu Lin，2017）。研究学科涉及经济学、地理学、城市规划、生态学等（Qichen Dong，2020；Chuanglin Fang，2019；Leonora Pechardo Gonzales，2017；Mengcheng Zhu，2020）。研究尺度涵盖全球、国家、区域、省（州）、城市和城市内部，并以城市为研究重点。尽管相关研究大量涌现，但在一定程度上缺乏系统性，相关研究结论存在一定的分化甚至相互矛盾，因而亟须对两大系统相互作用的研究进行梳理与总结，为新常态背景下我国的新型城镇化建设提供参考。

2.3.1 城市化发展的资源环境支撑

早期资源环境支撑城市发展的研究成果主要集中在两个方面，一是城市化进程中的资源利用问题，二是资源消耗状况对城市发展的约束。对于城市化进程中的资源利用问题，莫里斯研究发现：在资源禀赋丰沛地区，公民节约意识增强和环境法律法规的出台，有利于城市可持续发展，加速城镇化进程；梅雷·S发现发达国家城市化用水量呈现快速增长、缓慢增长和零增长或负增长三个阶段。资源环境作为投入要素，自然资本内生化引入经济增长模型，探讨对城市化的影响（宋冬林，2005）。城市是人类活动高度聚集的区域，随着城市人口的增长和社会经济的快速发展，资源环境矛盾等城市病日益突出，资源约束对城市扩张的抑制性表现越发明显（Ainmar Bouchair，2004）。国外关于资源禀赋对工业化城市化发展约束和促进的研究相对较早，提出应提高工业发展的资源利用效率，保证城市发展安全，须测算资源环境承载力（Rijisberman J，2000）。城市化不同发展阶段对资源环境的依赖存在异质性，2000年前后，我国城市化发展很大程度上还是依赖资源环境的供给，城市发展必然受到约束（洪银兴，2000）。一些学者测算了土地资源对中国城市的"阻尼效应"，研究结果均证实了资源约束对经济增长存在的显著抑制作用。

城市是非农产业集聚区，城市产业有别于农村，因此产业结构是测度城市化的主要指标之一，产业转型是城市转型的关键（李虹，2018）。从最初亚当·斯密的"绝对优势"理论到李嘉图的"相对优势"理论和俄林的"要素禀赋"理论，均认为水资源、矿产资源和土地等资源因其稀缺性、不可替代性、不可再生性，使资源丰裕地区拥有了工业化和城市化先天的内生发展基础（Abdel - Rahman，2004）。但当资源型产业异常繁荣，其他部门衰落时，"荷兰病"的出现使传统的资源优势论受到极大挑战。我国资源型城市产业转型困难是否与资源诅咒相关争论较大。一种观点认为，对于资源型城市，资源禀赋水平的上升，资源型产业集聚，对当地经济增长呈现先促进后抑制的关联关系（张在旭，2015），长期会阻碍产业结构优化升级（薛雅伟，2016；李虹，2018）。资源丰裕地区开采和使用资源通常出现浪费、粗放使用的现象，增加了成本（赵伟伟，2010），同时能源开发主要通过挤出创新和人力资本投资作用于产出增长，导致其他行业发展受限（黄悦，2015）。陕西、内蒙古、贵州和东北地区工业依赖资源环境，存在较为明显的资源诅咒现象，产业结构调整缓慢（胡健，2007；徐盈之，2010；任丹妮，2011；邵帅，2010）。

另外，一些学者得出相反结论，"资源诅咒"在中国城市层面上不成立（方颖，2011；安虎森，2012；田志华，2014）。各城市劳动力、资本、土地等资源配置和产业集聚方面出现差异，主要是当地区位条件、生产条件的异质性、制度因素的地区差异导致的（张亮亮，2019；张贡生，2010）。资源本身对经济发展不会产生阻碍效应，对资源的过度依赖才使产业升级困难（周晓博，2007）。

资源环境直接影响城镇化进程的研究较少，支撑作用的理论机制及数理分析更是鲜有涉及。在这少量的文献中，陈波翀（2005）推导引入资源环境的社会效用函数模型，理论上得出人均资源禀赋水平和城市化水平存在对应关系，并强调合理配置资源的重要性，但并未有数据及实例论证该结论。周一星（1982）收集了 137 个国家资料，发现生产性资源环境的投入决定了国内经济的发展，间接决定城镇化水平。笔者关注了二者的统计关系，但未解释及论证其内在传导机理。

综上所述，有关自然环境对城市化发展影响的文献研究主要集中在资源约束、资源使用情况和资源诅咒命题的讨论，将资源要素与城市要素挂钩，探索资源对城市化支撑作用机理方面较为薄弱，具体政策意义不清晰。因此，从新型城镇化建设及资源承载力认知出发，将城市化指标同人口、资源、资源环境予以集成，界定二者内在含义，探索城市化发展对资源环境需求的作用机理，建立要素间定量关系，是推进资源环境对城市化支撑作用研究分析的必然要求。

2.3.2　城市化对资源环境的影响

由于城市化与资源环境存在多种表征指标，在城市化对资源环境影响关系及传导路径研究时，相关结论差异较大。由于两大系统的复杂性因素，相同的概念因素、相同的指标选择也会由于研究尺度、研究时段、实证模型设计的不同结论存在分歧。

（一）关系检验

随着环境污染问题的加剧，环境污染的库兹涅茨曲线引起了普遍关注。学者们遵循经典研究范式，通过设定一次项、二次项、三次项和多次项方程，选用不同指标、不同研究尺度、不同模型设定形式对此学说进行验证，相关结论存在较大差异，常见为线性、"U"型、"N"型和非相关关系，表2-1比较了城市化与资源环境相关关系研究结果。

表 2-1　　　　　　　　环境库兹涅茨曲线对比

环境指标	研究区域	时间尺度	城市化指标	关系
PM2.5	中国255个地级市	2000年、2005年、2010年和2015年	工业占GDP比重	"U"型

环境指标	研究区域	时间尺度	城市化指标	关系
污水	中国东部11 个省	2006～2015 年	非农人口比重	正向
CO_2	99 个国家	1975～2015 年	常住人口城镇化	正向
生态足迹	河南省	1983～2006 年	常住人口城镇化	"N"型
生态足迹	142 个国家	1996 年	非农人口比重	倒"U"型
土地生态安全	6 个地级市	1999～2005 年	人均 GDP	倒"U"型
监测断面水文数据	八大流域80个地级市	2004～2013 年	人均 GDP、第二产业、第三产业占比	各流域呈现不同特征，整体呈"S"型
NO_2	282 个地级市	2014 年	户籍人口城市化	负向
AQI	289 个地级市	2014 年	建成区比例	无影响
废水、废气和固体废弃物排放量	中国	1986～2006 年	人均 GDP	水、气、固体废弃物分别为倒"U"型、上升转平缓、正相关
区域废水排放量	30 个省份	2015 年	市区居民人口与整个地区总人口之比	倒"U"型
二级天数	190 个市	2014 年	常住人口城市化，建成区面积	倒"U"型
煤炭消费增加值	印度尼西亚	1970～2015 年	第二产业份额	倒"U"型
可再生能源消耗	金砖五国	1992～2016 年	城市人口占比	倒"U"型
土地利用	江西省	1996～2014 年	人口、景观、经济、社会城市化	倒"U"型

资料来源：笔者根据已有研究文献整理而得。

　　上述关于环境库兹涅茨曲线成果出现分歧的原因在于研究内容、尺度、数据来源、指标、理论模型、实证模型等方面的差异，未得出一般性与普适性的结论。①研究内容，不同的资源环境与城市化指标或许不具有相同的曲线规律，不同研究对象的城市资源环境曲线无可比性；②研究尺度，同一问题在世界范围、国家尺度、各省和地级市等宏微观尺度有着不同的要素规律和演化特征，不同尺度下城市化和资源环境也可能表现出不同特征；③数据来源，如中国各地级市 PM2.5 数据，常用的数据来源有观测站数据和地理空间数据，计算地级市均值时二者可能存在差别，因而数据来源不同也会导致两大系统关系的差异；④研究指标，检验城市化和资源环境关系时，城市化和资源环境均有多个指标表征，指标的不统一导致研究结论缺乏可比性；⑤理论模型，即使保证上述条件相同，但选取了不同的控制变量，结果也会出现差异；⑥实证模型，由于两大系统的复杂性，实证模型中简单地用数学公式描述两大系统规律，可能对系统中难以量化的因素无法表现和处理（见表 2 - 2）。

除考察两大系统时间序列上呈现的关系外，学者们还考察了非线性关系出现拐点的时间。如通过研究经济增长和二氧化硫排放的关系，发现我国东南沿海等发达地区超过了阈值，北京时间点（2007）最早，天津（2014）最晚，其他五个省份均在 2009 ~ 2012 年，其他省份还需五年达到经济发展与环境污染的阈值（He Y, 2019）。

综上所述，基于复杂系统理论，城市化对资源环境影响并非简单的线性或非线性关系，不同城市化进程在不同研究尺度下对资源环境的影响有着不同的演化规律，相关研究还缺乏全面系统地分类、整理和总结。无可否认的是，亟须治理的资源环境问题使中国城市化面临着严峻的环境约束。从长远计，要治理环境污染，正确处理环保与发展、经济效益和社会效应的辩证关系，是中国新型城市化道路的必然选择，也是 EKC 研究的意义所在。

表 2－2 环境污染驱动模型对比

理论模型	公式及含义	指标选取	特点	适用范围
STIRPAT 模型	$I_{it} = aP_{it}^b A_{it}^c T_{it}^d e_{it}$ 可拓展的随机性的环境影响评估模型	I 为环境压力，P 为人口规模，A 为经济发展，T 为技术因素	可在模型中按研究需要添加控制变量，检验结果非等比例	量化资源环境驱动力要素
KAYA 恒等式	$CE = P \times \dfrac{GDP}{P} \times \dfrac{EC}{GDP} \times \dfrac{CE}{EC}$ 分析国家层面温室气体排放与经济指标、能源排放间的关系	CE 为温室气体排放量，EC/GDP 为能源密度，GDP/P 为人均资本，CE/EC 为排放因子	以经济指标为核心的资源环境驱动因素分析，检验结果等比例	解释经济因子对环境的驱动作用
IPAT 模型	$I = P \times A \times T$ 人类活动对资源环境影响的定量模型	I 为环境压力，P 为人口数量，A 为人均经济指标，T 为单位经济指标的环境负荷	人类活动对环境影响是人口、经济与科技因素共同作用的结果，检验结果等比例	解释人口对资源环境的动态影响

资料来源：笔者根据三类驱动模型理论整理而得。

（二）作用路径

对于城市化与资源环境之间广泛存在的"A→C→B"的因果路径关系，是我们理解系统间内在的耦合关系、剖析隐含的内部机理的重要途径。但以往关于城市化对资源环境作用分析的研究，多使用"A→B"简单的直接因果研究范式，其中 STIRPAT 最为经典。等式两端取对数后，能够对各变量系数进行参数估计，也可对公式中变量进行分解和改进。通常，学者们通过建立复合生态系统联立方程、自适应嵌套模型或投入产出模型等引入交叉项或控制变量方法来研究，内容大致包含资源承载力、人口集聚和产业发展。

（1）资源环境承载力。当前，就城市化影响资源环境承载力的作用路径和资源承载力对环境污染的影响，资源环境子系统研究对象较为广泛，如土地承载力、水资源承载力、生态承载力等，相关研究还存在争议。资源环境一方面为城市化提供物质资源和活动场所（Świąder M，2020；Ritzen M J，2019），另一方面又是人口经济社会活动的核心制约要素，因此城市化和资源环境之间存在双向的关系（Widodo B，2015；程小于，2019；韩雁，2018），尤其是当城市发展较快而采取不可持续方式开采资源时，会引发资源短缺，削弱环境承载力，进而阻碍资源环境的自净能力和可持续发展能力（艾东，2007；Dorini F A，2016）。此外，有的学者认为两大系统通过环境承载力的中介效应相互影响，是其天然属性决定的。人地系统具有自组织、涨落和非线性等耦合规律（Chelleri L，2012），城市化是人类活动重要的一环，城市化发展给资源环境系统带来各种负担，人们可以通过植树造林和水源保护等环境治理来强化资源环境载力，通过开发污染治理设施、改善环境管理和技术进步来减轻资源环境负荷（Zhu M，2020）。理想情况下，资源环境系统本身将使其功能保持在动态的平衡状态。但是，这种平衡可能会受到资源环境负荷激增或资源环境载体退化的影响，甚至破坏，因为现有载体可能无法提供足够的支撑能力，从而加剧当地环境污染（Shen et al.，2020）。

（2）人口集聚。研究发现，人口集聚主要通过生活污染排放增加和对城市土地利用的改变影响资源环境。徐辉（2017）认为人口集聚会带来消费需求的上升和生产规模的扩大，从而增加对资源、能源的消耗，加重环境压力。里格曼（Ligmann，2005）认为人口密度较低，人力资源隔离会导致生产技术的低效，废水、废气等处理不集中，从而导致环境恶化。杨子江和张剑锋（2015）的研究指出，政府旨在提高人口密度的政策会促使劳动力和企业迁移，造成严重的资源环境污染。刘永旺等（2019）认为，从长期来看，人口集聚到一定的程度，即超过了资源的再生速度和环境的自净能力，会引起环境污染加剧。夏勇和胡雅蓓（2017）虽然也认为城市人口增长导致消费与生产活动增加的同时，环境负荷增加，但其结论侧重于从脱钩角度来解释。纵观以往研究成果，新一线城市人口流动激增、大城市人口增长拐点等人口城市化最新动向对资源环境影响的探讨尚未发现。

（3）产业发展。产业发展视角下的研究主要集中在城市产业发展对空气污染的影响，即重污染工业企业使环境恶化、服务业污染程度较轻的研究成果较多。王有森和王建（Wang Y & Wang J，2019）研究发现，工业集聚程度对环境效率影响存在异质性，工业集聚初期环境效率下降，但随着工业集聚程度的提高环境效率又呈现上升的状态。周锡饮和王修儒（Zhou X Y & Wang X R，2019）则发现，土壤中重金属含量同重工业企业距离成反比，政府应当合理规划居民用地与工业用地距离。纪祥裕认为生产性服务业集聚能显著改善污染（纪祥裕，2019）。荣康（2016）研究发现发展服务业可以缓解政府、居民与企业间环境冲突。城市产业对环境的影响只是笼统从工业或服务业发展视角进行研究，缺少对具体行业和工业区位主导下产业转移的探讨。

总体来看，就城市化对资源环境影响的作用路径研究还相对较少，相关研究未找到机理形成的定量分析路径，且结论缺乏可比性；此外，由于城市化与环境的作用缺乏理论性指导，针对城市化对资源环境影响的理论模型推导研究较少，研究成果只是从集聚的角度来解释城市化的内涵，替代变量与直接变量间可能存在估计偏误。

（三）异质性影响

城市化对资源环境影响在不同时间、空间和组织上表现出不同的复杂模式，体现出非线性动力特征，存在拐点阈值，学者们的关注焦点集中在了空间异质性和门槛效应两方面。

（1）空间异质性影响。研究区域资源禀赋差异和城市化发展的不平衡性是导致空间异质性影响的根源。王素凤等（2017）研究发现，城市化与污染呈负相关，我国城市化水平较高的东部地区发挥了更大的节能减排作用。崔学刚等（Cui et al.，2019）研究发现北京和天津的耦合协调性高于河北地区。赵亚博（Zhao Yabo，2017）研究了全球城市化对资源环境的影响，按城市化与资源环境耦合协调值将世界各国分为四类，并发现收入水平是决定因素，欧洲和北美地区耦合协调度高于世界其他地区。谢里夫（Shereif H，2018）分析了城市土地扩张对埃及的气温，相对湿度，气压和人体热舒适性的长期影响，结果显示低洼地区较开罗老城区的影响小。杨文芳（2012）利用 STIPAT 模型实证研究城市化对温室气体排放的影响，发现城市人口增长对东部城市二氧化碳排放有显著正面影响，而对中西部省份二氧化碳排放的影响不显著。上述研究未考虑不同地区城市化异质性等其他控制因素，模型可能存在遗漏变量或形式错误等问题。

（2）门槛效应。通常以门槛效应模型来实现，学者们研究焦点集中在时间序列和样本类别两方面。李佳佳（2015）运用双门槛模型研究发现，随着城镇化率的不断提高，城镇化进程对城市土地利用效率的负向影响急剧增加。李欣（2015）以人均 GDP 和能源强度作为门槛变量，运用 STIRPAT 模型，发现我国大部分省份已经跨越了人均地区生产总值和能源强度的第二个门槛值，城市化对于我国大部分省份能源消费量的贡献度逐渐增大。聂飞和刘海云（2016）基于城镇化门槛模型和碳排放拓展模型探讨发现，处于中高城镇化阶段的地区通过对外直接投资降低城镇碳排放水平的效果较之于处于低城镇化阶段的地区更为显著。杜雯翠和夏晓华

（2018）以 1971～2012 年 60 个国家（地区）的平衡面板数据为样本研究发现，当城市化率低于 23.59% 时，城市化对温室气体排放的影响就较小。当城市化率超过 23.59%，低于 28.61% 时，城市化对温室气体排放的影响增加。当城市化率超过 28.61% 时，城市化对温室气体排放的影响下降。无论是时间序列和样本类别门槛模型划分，相关研究也都未就阈值本身蕴含的经济学意义进行深入挖掘。

总体来看，无论是空间异质性影响还是门槛效应的研究，都只是从统计学意义上反映城市化对资源环境的异质性影响，缺乏分析这种异质性影响的深刻经济学机理与意义；也未考虑异质性样本间的影响要素以分析各城市发展进程影响城市化与资源环境的相互作用机理。

（四）多维城市化影响

城市化是一个复杂的多维系统，除从统计资料及传统认知的人口城市化视角研究外，还有学者从广义城市化角度，如经济城市化、空间城市化、社会城市化等角度研究其对资源环境的影响，这为新型城镇化背景下更加全面科学地看待城市化与资源环境间耦合提供理论研究框架（见表 2-3）。

（1）经济城市化。经济学上通常从经济模式和生产方式的角度定义城市化。高珮义（1990）认为社会主义城市化应是依靠工业化推进的城市化，工业化快于城市化。库兹涅茨认为城市化是不同空间的经济结构转换过程，即农业向工业和服务业的转换（1973）。齐昕（2013）指出起初"城"是指负载有各类功能区、道路交通、建筑、通信、教育、园林绿化、公共服务等基本功能的城市生产用地，"市"是区域经济价值产生和交换及相应的经济制度、社会组织、政府经济规划和政策所表现的、处于一定空间方位的买卖场所或市场交易中心。

（2）社会城市化。社会城市化尚未有明确定义，一般指城市是区域经济、政治、科学技术和文化教育发展中心。学术界把城市化的主体—农民确立为城市化研究的核心，城市化是农民价值观念、就业方式和生活空间的转变过程（王海娟，2015）。路易斯·沃思（Louis Wirth，1989）以人们生活方式转变为基准界定社会城市化，指出城市化是包括日常生活习俗、社会制度、规划和方法等内容在内的农村生活方式向城市生活方式的转变。

（3）空间城市化。山鹿城次（1986）从城市空间角度出发，认为城市化是空间组织形态的变化，如原有的街道再改造、城市面积扩大、城市群逐渐形成等。朱海霞和权东计（2014）从农村视角定义城市空间变化，即农村区域逐渐演化为城市的城乡的一体化进程。周洋（2020）将土地使用弹性系数作为土地城市化指标，比较土地城市化与人口城市化对生态效率带来的影响。

表 2 - 3　　　　　　　　城市化测度主要常用指标

维度	常用指标
人口城市化	城区常住人口比重；城市户籍人口比重；人口密度；二三产业职工占总就业人数比重
经济城市化	人均地区生产总值/GDP；城市单位面积产值；二三产业占比；城市居民人均纯收入；企业个数；固定资产投资总额
空间城市化	城市建成区面积；人均道路面积；人均绿地面积；城市紧凑度；不透水面积
社会城市化	人均公共交通拥有量；恩格尔系数；户均网络设施拥有量；大学生人数

资料来源：笔者根据相关文献整理而得。

城市化是一个涉及社会、经济、自然的开放的复杂巨系统，因此，构建城市化发展的综合指标，应从更加系统的角度考察城市化对资源环境的影响，推动人地关系领域系统理论的深化和发展。

2.3.3　资源环境对城市化的影响

大量研究证明城市化对资源环境存在重要影响，而资源环境系统对城市化的影响机理研究较少，资源环境对城市化到底存在怎样的反馈机制？在这较少的文献中，部分学者讨论了环境污染对城市化发展的负作用及对城市要素的影响。这些研究并未直接指明"环境因素对城市化的影响"，但在新常态和新型城镇化背景下，资源环境系统对城市经济指标（经济城市化）、人口变化（人口城市化）、城市空间形态（空间城市化）和政府治理能力、居民幸福感（社会城市化）的影响也可视为是对城市化的影响。

（一）资源环境对经济城市化的影响

在经济城市化方面，相关研究主要集中在资源环境破坏对城市经济和劳动力效率的负面影响。沈镭（Shen L，2005）预测了主要战略性矿物和化石燃料的供求对中国未来城市地区生产总值的影响，认为2050年后中国城市化增长速度会减缓。谢杨（2019）预测2030年PM2.5对人类健康造成的损失将增加到2100亿元人民币，额外卫生投入达到530亿元。张纵惠（2018）使用2002～2013年112个中国城市面板数据，运用广义矩估计法，发现污染对劳动力供给的影响是非线性的：随着环境质量的恶化，劳动力供给将首先增加，在达到峰值后减少。汉娜（Hanna R，2015）估计了墨西哥城的污染与劳动力供应之间的关系，发现高密度污染可能会暴发暂时的疾病，影响工人劳动生产率，最终导致产量不足。综上所述，目前尚未发现有关资源环境系统对城市生产方式变革、城市经济主体博弈关系、产业结构升级和城市贸易影响的研究。

（二）资源环境对人口城市化的影响

在人口城市化方面，相关研究主要集中在环境变化对城市人口流动的影响。肖挺（2016）考察污染气体对中国各直辖市及省会城市劳动力迁出的影响，研究发现居民收入水平增加，环境污染引致的人口流动迁徙率相应提高，目前人口迁出现象较为明显的地区集中在我国东南沿海及内陆经济发展水平较高城市。很多国家政府因城市有严重的交通拥堵、环境污染和犯罪率高等问题，倾向于"反城市化"规划（Champion，1989），政府引导居民迁出污染地。德尔马·马丁内斯－布拉沃（del Mar Martínez – Bravo，2019）使用结构方程模型（SEM）调查了欧洲 79 个城市、40798 名市民对环境污染的反应，发现城市污染与城市宜居性负相关。费耶尔斯坦（Fajersztajn L，2019）以圣保罗大都市区为例，发现机场活动造成的空气和噪声污染对居民健康造成极大威胁，很多居民选择迁出污染地。

综上所述，虽然已有学者就环境污染对因居住环境下降引起的人口流动进行了研究，但尚未发现有资源环境破坏对区域及区际城市群人口流动的研究，即污染严重的大城市外来常住人口多流向周边或邻近中小城市的研究。

（三）资源环境对社会城市化的影响

社会城市化方面，学者们关注了资源环境破坏下的居民生活方式、居民幸福感和健康程度的变化。伯格曼（Bergmann S，2020）研究 CO、O_3、SO_2 和 PM10 对城市居民健康的影响，发现在湿热季节空气污染对城市居民健康影响更大。宋阳（2019）运用调查数据考察了雾霾污染对城市居民幸福感的影响，研究发现雾霾负效应抵消了经济增长带来的主观幸福感。阿克巴里（Akbari M，2019）使用胡志明市的调查数据，发现交通拥堵造成的尾气污染使 29% 的年轻人倾向选择远程办公计划。宋阳（2019）从微观角度研究大气污染治理对城市居民幸福感的影响，研究发现对于受过高等教育的居民来说，他们的幸福感很容易受到大气污染治理措施的有效性以及对地方政府政策执行情况评估的影响。

虽有学者从城市生活现代化角度研究了社会城市化受资源环境的影响，但政府为控制污染所做的努力是否增加了居民的福利，以及基于以上视角研究城市基础设施对资源环境的反馈机制未有涉及。

（四）资源环境对空间城市化的影响

在空间城市化方面，少数学者考察了城市布局时应考虑的环境污染因素，目前尚未发现资源环境对城市空间、城市基础设施、城市用地的影响研究。邢杨（2020）以香港公园为例，发现面积较大公园可为城市居民提供集中连片的绿地、休闲空间，整合的绿地资源使生态系统更加多样化，相对于小型公园生态价值碎片化、单一化的缺陷具有更大优势。胡佳鹏（2019）对应新扩展的工业用地数据，发现我国经济发展状况较好的城市由于资源环境破坏发生了污染产业转移现象，当地环保规划由此新增了公园园区项目。

（五）资源环境对综合城市化的影响

吴海涛（2019）运用熵值法构建了包含人口、经济和居住环境的综合城市化指标，使用动态阈值面板模型考察能源消耗对我国综合城市化的影响，结果表明，能源消耗促进了中国全面城市化，但关系是非线性的，这种积极效果随能耗强度和能耗规模的增加而减小，随能耗结构优化而增加。吴海涛（2020）采用完全排列的多边形图形指标法探讨环境污染对中国城市化进程的影响，研究发现环境污染阻碍了中国综合城市化（人口城市化，经济城市化和居住条件城市化）进程，但有利于城市居民居住环境的改善。

总体来看，就资源环境对城市化系统反馈作用的研究较少，学者们尚未关注到资源环境破坏对城市化进程的负面影响。因此，研究的广度和深度都有待加强，这方面的突破，将为资源环境约束下的新型城镇化建设提供重要参考。

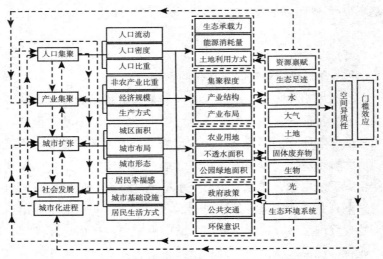

图 2 - 5　城市化与资源环境交互影响研究框架

注：——为已有研究，----尚未研究或有待加强研究。
资料来源：笔者根据已有研究绘制。

通过国内外文献梳理看出，学者们对城市化与资源环境交互作用关系的研究成果较为丰富，主要集中在自然本底条件对城市化的支撑作用、城市化系统对资源环境系统的影响、资源环境系统遭到人为破坏对城市化的反馈作用三个方面（见图 2 - 5）。值得注意的是，上述三个方面作用阶段所呈现不同的城市化与资源环境状态，并不是割裂的，而是先后演进、共同推进、交互作用的结果。无论国内外，针对城市化与资源环境交互作用"过程—机理"的经济学研究范式分析很少见，学者们仅关注两大系统变量的单向影响，或用耦合协调度等指标度量二者及各子系统间的相互作用关系。此外，关于两大系统单向影响的复杂性研究，相关文献仅停留在各子系统的异质性上，空间和时间维度综合角度考察其复杂性的研究尚未涉及。以上方面可能为本书的写作提供创新思路，使二者交互关系的研究更具系统性、综合性，成为本书选题可行性的重要参考和将要解决的核心问题。

第 3 章

自然资源对城市化发展的支撑

3.1

自然资源禀赋与城市起源

纵观城市化历史，水资源、土地资源和矿产资源始终是维系整个城市化进程的三大基本物质要素，资源环境自身的物理特性和空间特征决定早期城市的分布格局（李双成，2009）。资源总量在一定的时间空间范围内是有限常量，城市化发展初期，技术和生产力水平较低，经济基础十分薄弱，资源禀赋对当地经济发展至关重要甚至起决定性作用（高松凡，1993），资源丰裕地区的低成本优势形成优势产业和良好的人居环境，吸引人口、产业和各要素集聚，是城市化形成的重要基础。

历史唯物主义认为，社会存在决定社会意识，人类先利用资源环境禀赋进行物质资料生产，才能形成社会意识。马克思和恩格斯指出，"物质生活的生产方式制约着整个社会生活、政治生活和精神生活过程"。纵观城市化起源与发展历史，资源环境作为本底条件，是城市社会经济发展的关键生产要素和重要物质基础（董祚继，2014）。世界上大部分早期部落选址在资源环境丰富、资源环境优美的河谷地带。18 世纪 60 年代后，资本主义国家开始了迅速城市化和工业化进程，在煤炭、钢铁等矿产资源和水资源丰富地区形成了城市群和老工业基地，如英国曼彻斯特、利物浦、伦敦，德国鲁尔区，美国五大湖城市群及法国里尔、里昂、马赛。资源环境系统作为最终产品的直接和间接投入品，为城市化建设提供了基础原材料，是城市经济社会发展的重要支撑。大量文献凸显了水资源、土地资源和矿产资源对城市扩张和建设的重要性与约束作用（赵亚莉，2016）。

以亚当·斯密、李嘉图、马尔萨斯为代表的古典经济学研究框架中，共同认为土地是经济发展的最终约束（斯日吉模楞，2019）；以福雷斯特为代表的经济增长极限论认为矿产资源及水资源是人类发展的强制约（Abdulahi M E，2019）。城市是各要素集聚中心和区域经济增长极，研究上述三类自然资源作为供给要素对城市发展的支撑和制约作用具有重要的理论和现实意义。大量的文献以水资源、土地资源和矿产资源作为研究对象，研究三类资源在城市发展中的重要影响（Voskamp I M，2020；Lourenço I B，2020；Kazançoglu Y，2020；Arden S，2020；Serrao - Neumann S，2019）。由此，本章从上述三类自然资源入手，分析其对城市化发展的支撑作用。

3.1.1　水资源支撑

世界气象组织（WMO）和联合国教科文组织（UNESCO）的 *INTERNATIONAL GLOSSARY OF HYDROLOGY* 将水资源定义为在一定区域范围内，拥有较高质量和足量体积，能够被人类利用和潜在利用的各种形式的水源统称。水是地球的生命之源，是维系资源环境和城市环境系统最基础最活跃的自然要素和战略资源。人类文明出现以来，充足的水资源吸引大量人口、产业和社会资源集聚，临水优越的地理条件满足大规模的生产生活用水需要，形成了初具规模的城市。

城市水资源分配中，居民日常生活用水是第一位的，对人而言，生活用水是维持生命体征和健康的基本要素。水资源可持续利用较好的地区，可为居民提供充足且质量较好的水源，保证了生活用水安全，优质的水源吸引人口集聚，支撑人口城市化的发展。

工业生产从原材料加工、产品处理到冷却环节均需消耗大量水源，城市形成初期，由于生产技术与管理水平较低，早期工业生产方式以粗放型为主，为获得较高的产出收益，降低用水成本，工业企业选址一般靠近水资源充足地区，形成了早期工业区。根据美国经济学家刘易斯二元经济论，工业与农业部门间的收入差异使农村劳动力转移，大量人口和工业活动集聚，推动了水资源充足地区城市的产生。

基础设施是指为生产部门和市民生活提供公共服务的物质设施，是一切企业、单位和居民生产经营和生活的共同物质载体。自然条件是决定早期城市选址的技术基础，城市绿化、市政、供热、施工等设施建设需大量水源，水源地更易提供环境优美的人居环境和良好的公共服务设施，加快生产要素及产品的流通，吸引人口集聚，加速人口城市化进程。

与我国西北、华北地区相比，东北地区水资源相对丰沛，但时空分布不均衡，呈现北多南少、东多西少的分布格局。温带季风气候夏季高温多雨，冬季寒冷干燥，降水季节性特征明显。2017 年水资源总量为 1415.3 亿立方米，人均水资源总量为 1301.43 万立方米。① 境内松花江、辽河两大河流，是东北地区工业、农业和居民

---

① 根据 2018 年的《中国统计年鉴》《内蒙古统计年鉴》计算而得。

的饮水之源；河流动能便于区域水上运输；河流势能可用于水能发电；调节气候，促进大自然水汽循环。

松花江全长 1927 千米，流域面积约为 55.72 千米，占东北地区总面积的 60%。沿途经过黑龙江、吉林、辽宁和内蒙古四省（自治区），24 个地级市（盟市），84 个县（市、旗）。2015 年，全流域水资源开发利用程度为 32.89%，其中地表水开发利用程度为 25.02%，地下水开发利用程度为 64.29%。松花江流经我国重要的工业基地和商品粮基地，在我国经济发展中占有重要战略地位。哈尔滨、长春、吉林、松原、齐齐哈尔、大庆等工业城市沿河而建，形成以汽车制造、石油化工、农产品加工业三大支柱重工业和生物制药、电子信息、新材料与智能制造等新兴战略性产业竞相发展的产业格局。农业用水占比在整个水资源消耗比重最高，黑龙江、乌苏里江、松花江和松花江与嫩江汇流冲积而成了三江平原和松嫩平原，地势平坦，农业灌溉水资源充沛，人均耕地面积是全国平均水平的 5 倍，成为我国最大的农垦区和重要的商品粮基地。

辽河是我国七大河流之一，流经河北、内蒙古、吉林、辽宁四省（自治区），全流域面积为 22.11 万平方千米，全长 1345 千米，流经中国最重要的工农业经济区辽中南城市群。辽河流域是东北地区人口最密集、工农业生产最集中、人类活动历史最长的区域。

3.1.2　土地资源支撑

土地资源指被利用或预见能被利用的土地，是人类重要的生产资料和劳动对象。城市化过程也是对土地进行不同程度和不同类型的改造过程。古典经济学分析中土地还包含了土壤、气候、地理位置等空间内容，并指出由于土地利用的差异性和空间上的不可移动性，相对于其他资源，土地的替代性较弱。作为一个综合的自然地理概念，土地自身条件（地质、地貌、肥力、植被、地理位置等）及所处的气候条件（光照、风力等）不同，必然造成土地功能和质量上的区位差异。据遗址考察发现，可利用土地面积对聚落的影响极为明显：平原聚落呈团状集中式分布，规模较大；山区聚落分散且杂乱，规模较小。农村与农业经济发展是城市化的原始动力，随着生产力发展和分工出现，乡村功能变得复杂化并向综合化发展，逐渐演变为城市空间（邢谷锐，2007），因此，土地作为人类生活生产活动的空间载体，是城市起源重要资源支撑。

城市化水平与城市用地规模呈正向关系。人口增长、经济发展特别是城市人口增长对居住、交通和城市产业用地的需求，是农业用地转化为城市用地的主要原因。许多学者对城市化与土地资源供给进行了相关研究，研究结论充分肯定了土地城市化过程中对土地的刚性需求。一个国家或地区人均耕地面积越大，农业劳动力的有效转移率（人口城市化率）越高。在城市化的初期和快速发展时期，城市化以"外延式"扩展为主，即土地需求集中表现为增量需求。市场经济条件下，城乡边界取决于城市产业与农业的边际收益，随着农业技术水平的发展，在保障农产品供给充足前提下，政府出于效益最大化原则腾出土地，保障城市扩张和非农用地比例，为土地城市化发展提供政策支持。城市土地资源的数量、质量和使用效率都影响城市化进程，事关粮食、生态、城市建设的空间平衡，工业化与城市化需要大量优质土地资源支撑。

东北地区土地幅员广阔，可利用土地资源多。全区土地总面积为 18.7 亿亩，占全国总面积的 12.9%，人均耕地面积和耕地质量远高于全国平均水平，2017 年占全国耕地总面积的 23.04%。大兴安岭、小兴安岭和长白山脉构筑了马蹄形完整的地理单元，向中心部逐渐过渡发育了全国最大的平原区域，松嫩平原、辽河平原和三江平原。东北地区地势平坦、土壤肥沃，西部分布着广袤的科尔沁草原，各类土地资源分布集中，布局合理。东北是我国城市化水平较高的地区，也是我国最早出现具有现代意义的城市化地区（王胜今，2006），因此研究该区土地资源对城市化的支撑作用具有较好的典型性和研究价值。

3.1.3　矿产资源支撑

矿产资源是非可再生资源，很难通过天然作用进行再生更新。但它是一个地区工业化、城市化起步的基础，是人类生产资料的基本物质来源之一。矿产资源指经地质成矿作用形成的，天然存在于地壳内部或赋存于地表或地下，呈固态、液态和气态，具有经济价值或潜在价值的矿物或有用元素的集合体。

1970 年，玛林堡母（Malenbaum）创立了矿产资源消费强度理论，指出不同发展阶段的国家和地区对矿产资源需求特征不同。1990 年，克拉克（A. L. Clark）和杰奥恩（G. J. Jeon）在此基础上提出了矿产资源消费的结构分类理论，指出人类社会发展对矿产资源的需求呈倒"U"型，城市化初期和快速发展时期（前工业化社会和工业化社会前期）矿产资源消费总量呈上升趋势。经过一段平稳发展后，消费总量增速降低，曲线斜率为负，经历倒"U"型过程。

由于地壳运动的非均衡性，矿产资源分布具有明显的地域差异。这种地域非均衡性对地区政治、经济、城市化水平产生了深刻的影响。对于资源丰裕地区矿产资源可视作内生的生产要素，具有不可替代性和稀缺性，促使当地形成一系列优势资源产业，完成城市初始物质财富积累（Pérez，2020）。

东北地区资源丰富，已探明矿产资源种类多、储量大。近代，清政府为保护"龙脉"禁止东北地区开发，资源开采处于停滞状态。19 世纪末，东北凭借自身资源优势迅速成为我国矿产资源供给地区。新中国成立后，国家基于发展重工业的战略需求，在东北地区建立工业基地，东北地区的资源开发进入新的阶段。一些大的煤、铁和石油等矿物产地迅速发展成为新建的资源型城市，吸引大量人口迁入。在 41 个地级市中，16 个属于资源型城市，其余 25 个为资源加工城市。矿产资源禀赋不仅推进了东北地区城市化的发展，也为区域经济建设提供了物质和技术保障。

3.2

变量选择和数据来源

资源环境禀赋是本章的核心解释变量，根据其系数的方向和显著性可以判断其对城市形成的影响程度，本书利用面板门槛计量模型研究资源禀赋对城市发展影响的阶段性特征。东北地区现代意义上的城市兴起是在 20 世纪 50～70 年代，伴随着资源环境的大规模开发。这一时期以工业城市为主体，逐渐形成了辽中南工业区、辽宁沿海经济带、哈大齐产业带和长吉工业区格局，并以特大城市为核心，形成若干城市组团，东北首次并一度成为我国城市化水平最高区域。

资源环境作为城市化必不可少的物质基础，随着东北地区城市化进程的加快，城市水源短缺、水污染、土地利用效率低、资源型城市经济效益低下等问题频发，预测资源环境作为物质基础供给，城市化能发展到什么程度，科学客观地为实现东北地区未来经济发展模式转变，打造绿色、新型城市提供理论和数据支持。依据研究主题，选择 1986～2017 年东北地区 41 个地级及以上城市的面板数据，采用门槛模型分阶段检验资源环境对城市化的支撑作用，具体变量指标说明如下。

城市供水（WATER）。全年供水总量包括生活用水和生产用水，其中生活用水又包括生产公共服务用水和居民家庭用水；生产用水指运营的农、林、牧、渔业、工业、建筑业、交通运输业等单位在生产、运营过程中的用水。考虑到数据的可得性和稳健性，本书依照常用的水资源消耗指标（赵亚莉，2016），选择城市供水量衡量东北地区各地级市水资源需求总量。

土地资源评价指标体系（LAND）。土地资源的禀赋差异决定城市化过程中的土地供给差异，土地资源通过以下两种渠道支撑城市发展：土地作为城市产业发展的资源和要素基础，其供应规模、利用结构和用途转化影响城市产业规模、结构和空间布局，是人口城市化的承载空间；作为生态资源，土地利用过程中保护的数量、结构和分布对城市经济可持续发展产生影响。常用的城市土地资源指标有 ArcGIS 图例利用数据处理（洪惠坤，2015）、德尔菲法土壤资源安全评价、建成区面积、农村土地调查数据反演土地面积（盖庆恩，2017）。基于上述对土地资源支撑城市化发展机制的分析，本书借鉴并完善丰雷（2017）的研究成果，将原模型各指标要素进行重新筛选和排列，从自然条件、土地数量和土地结构 3 个维度构建土地资源禀赋综合评价指标体系，共选取了年平均温度、相对湿度、平均海拔高度、人均耕地面积、人均新增建设用地面积、植被指数、土壤类型等七个具体指标，除地形因素，其他指标均为正向，所有系数共同表征了土地资源禀赋评价的演化方向。

指标权重是各要素在指标体系中重要性的数量表示。权重计算方法的选择对整个评价指标体系质量产生决定性影响。目前关于属性权重的确定方法很多，根据是否考虑决策人的主观意向分为：主观赋权法、客观赋权法和二者兼具的组合赋权法。本书的土地资源禀赋评价体系中大部分指标具有自然属性，且未有专家经验及相关研究成果参考，为减少赋权的主观随意性，使决策结果真实、可靠，本书采用客观赋权法中常用的熵值法计算各指标权重，土地资源指标各要素构成见表3-1。

表3-1　　　　　　　　　　土地资源禀赋评价指标体系

要素层	指标层	方向	数据来源	权重
自然条件	年平均温度（℃）	+	四省区统计年鉴	0.113
	相对湿度（%）	+	四省区统计年鉴	0.025
	海拔高度标准差	-	中国科学院资源环境科学数据中心	0.123
土地数量	人均耕地面积（平方千米/万人）	+	四省区统计年鉴	0.208
	人均新增建设用地面积（平方千米/万人）	+	四省区统计年鉴	0.225
土地结构	植被指数（NDVI）	+	中国科学院资源环境科学数据中心	0.105
	土壤类型（黑钙土、黑土、白浆土、草甸土和其他，按土壤肥力依次赋值为：5-1）	+	中国科学院资源环境科学数据中心	0.201

注：四省区指黑龙江、吉林、辽宁、内蒙古。
资料来源：笔者自行绘制。

矿产资源（MINERAL）。省域尺度一般直接用金属矿产、能源矿产和非金属的年均生产总量衡量（陈军，2015），但《黑龙江统计年鉴》《吉林统计年鉴》《辽宁统计年鉴》《内蒙古统计年鉴》和《中国城市统计年鉴》中收录的各地级市时间序列数据不完整。另一种更直接的表征指标为综合能源消费量或能源消费量，指行业、企业范围内所消耗的各种能源总量（牟宇峰，2016），鉴于数据可得性，本书采用各市综合资源消耗量作为矿产资源生产的替代变量。

城市化过程指标。广义的城市化进程是一系列社会经济活动的变化过程，归结起来主要有三大标志性特征：①城市人口比重的增加（PUP），产业升级过程中资本的积累使城市工资水平提高，从而吸引大量劳动力和人口迁入。②第一产业比重逐年下降，城市地区产业结构升级（IND）。城市化初期，工业化为城市化提供了物质基础，当经济发展和城市化水平达到一定程度时，服务业逐渐兴起，二者互动互融。目前我国发达地区服务业增加值占地区生产总值的比重已经超过了第二产业比重，因而第二产业和第三产业比重的上升也是城市化的典型表现。本书根据现实直觉和理论研究成果推断，将第二产业与第三产业增加值占比作为衡量城市化进程的指标。③城市蔓延（AREA）。城市建成区面积的扩大。核心变量资源环境对城市化进程影响的机理已在上文阐述，为避免遗漏变量，在万庆（2015）提出的城市化效率影响因子基础上，本书设置了若干影响城市化进程的控制变量：①经济发展（LIGHT）。经济发展程度不同的城市对资源需求存在差异，近年来全国经济进入调整结构和速度的新常态，2013 年起辽宁省各项经济指标开始下滑，加上统计纠偏的因素，导致东北地区统计数据，其经济动态分析面临严重的数据困惑，多数学者证实夜间稳定灯光数据与经济发展高度相关，考虑到个别指标先后统计质量不一致的问题，本书以卫星监测的城市夜间稳定灯光强度数据作为反映经济增长和城市化发展水平的替代变量，对城市化的资源禀赋进行稳健性分析。②劳动生产率（LABOR）。工业与农业发展在经济运行中最重要的表现为城市化水平与劳动生产率提高。该指标用个体劳动创造的价值衡量，公式为地区生产总值/年末就业人数。本章涉及的核心变量与控制变量的定义、数据来源和描述性统计见表 3 - 2 和表 3 - 3。

表 3 - 2 变量选取及说明

变量名称	单位	变量含义	数据来源
WATER	亿立方米	城市供水量	四省区统计年鉴
LAND	—	土地资源	四省区统计年鉴
MINERAL	万吨/标准煤	综合资源消耗量	四省区统计年鉴、各地级市统计年鉴
PUP	%	常住人口城镇化率	四省区统计年鉴
IND	%	(第二产业增加值 + 服务员增加值)/地区生产总值	四省区统计年鉴
AREA	km²	建成区面积	四省区统计年鉴
LIGHT	—	经济增长指标：城市夜间稳定灯光强度数据	美国国家海洋和大气管理局国家环境信息中心
LABOR	亿元/万人	地区生产总值/年末就业人员	四省区统计年鉴

注：四省区指黑龙江、吉林、辽宁、内蒙古。
资料来源：笔者自行整理而得。

表 3 - 3 变量描述性统计

变量	最大值	最小值	均值	标准差
WATER	8.698	0.225	0.778	1.4287
LAND	1078.722	592.422	658.572	111.363
MINERAL	62.57	37.15	48.33	7.31
PUP	80.579	23.191	49.663	24.372
IND	88.81	65.22	77.42	10.41
AREA	633.8	25	154.054	137.360
LIGHT	19.37	0.125	2.948	2.845
LABOR	9054214	61.8	256321.1	1009610

资料来源：笔者根据 4.2.3 部分数据来源应用 Stata 软件计算整理而得。

3.3

自然资源禀赋对人口城市化的影响

讨论资源环境对城市形成深层机制前，本书遵循经典范式，讨论两大系统本身在时间尺度上是否存在必然联系，这种规律能否用经济学模型表达。此外，由于城市化不同发展阶段对资源需求存在差异，资源环境供给对城市形成是否具有阶段性特征？本书分别以水资源、土地资源和矿产资源为门槛变量进行门槛效应检验。为确定门槛的个数，依次在单一门槛、双重门槛和三重门槛抽样检验，采用 Bootstrap 自抽样方法得到的 F 统计量和接受原假设概率（P 值）来选定最优门槛值，本书所有结果均依托 Stata 软件编程计算获得。为降低宏观经济变量递增型异方差的负面影响，在不改变时间序列性质及相关性前提下，为获得平稳数据，本书对所有面板数据指标均取自然对数。

3.3.1　模型设定与实证检验

表 3 - 4 报告了分别使用水资源消耗、土地资源禀赋和综合能源消费量作为因变量时，单一门槛、双重门槛以及三重门槛效应存在性的检验结果发现：三重门槛效应均不显著（最低为 10% 显著性水平），其中水资源和矿产资源单一门槛与双重门槛效果均显著，土地资源单一门槛显著，双重效果不显著。因此，本书在考察水资源和矿产资源影响人口城市化进程门槛效应时，应采用双重门槛模型，而土地资源对城市化影响研究应使用单一门槛模型。

表3 - 4   资源禀赋对人口城市化影响的门槛效应显著性检验结果

门槛变量	模型	F 值	P 值	BS 次数	不同显著性水平临界值		
					99%	95%	90%
城市供水量	单一门槛	13.702***	0.000	400	32.162	19.533	13.887
	双重门槛	17.966***	0.003	400	31.659	6.459	0.072
	三重门槛	7.623	0.150	400	28.851	13.141	8.587
土地资源	单一门槛	14.014***	0.000	400	7.079	4.194	2.338
	双重门槛	6.351	0.114	400	8.405	4.480	2.541
	三重门槛	1.060	0.161	400	9.367	4.759	3.855
矿产资源	单一门槛	19.025***	0.001	400	9.217	5.791	3.044
	双重门槛	16.793**	0.031	400	12.420	8.225	6.737
	三重门槛	3.674	0.170	400	16.963	10.784	5.047

注: ***、**分别表示在1%、5%显著性水平上显著;P 值和临界值由采用 Bootstrap 法反复抽样 400 次得到。

资料来源:笔者根据 4.2.3 部分数据来源应用 Stata 软件计算整理而得。

接下来估计三个模型的门槛值。从表3 - 5 可知,水资源消耗的第一个门槛值为 8.125 ($e^{2.095}=8.125$),第二个门槛值为 33.049 ($e^{3.498}=33.049$);土地资源单一门槛值为 78.257 ($e^{4.360}=78.257$);矿产资源两个门槛值为 626.41 和 1543.56。确定了门槛个数和门槛值后,再分别对水资源、土地资源和矿产资源禀赋影响人口城市化发展程度的门槛模型进行参数估计与分析。

表3 - 5   门槛估计值与置信区间(人口城市化)

门槛变量	模型	门槛值	95% 置信区间
水资源	双重门槛	2.095	[2.099, 2.141]
		3.498	[3.496, 3.531]

续表

门槛变量	模型	门槛值	95% 置信区间
土地资源	单一门槛	4.360	[4.360, 4.391]
矿产资源	双重门槛	6.440	[6.440, 6.519]
		7.336	[7.302, 7.404]

资料来源：笔者根据 4.2.3 部分数据来源应用 Stata 软件计算整理而得。

本书在门槛效应检验结果基础上，建立基于水资源禀赋对人口城市化进程影响"双重门槛"面板模型如下：

$$\ln PUP_{it} = \alpha_1 \ln WATER_{it} (WATER_{it} \leq \eta_1)$$
$$+ \alpha_2 \ln WATER_{it} (\eta_1 < WATER_{it} \leq \eta_2)$$
$$+ \alpha_3 \ln WATER_{it} (WATER_{it} > \eta_2)$$
$$+ \theta_1 \ln LIGHT_{it} + \theta_2 LABOR_{it} + \varepsilon_{it} \quad (3-1)$$

基于土地资源禀赋对人口城市化进程影响"单一门槛"面板模型如下：

$$\ln PUP_{it} = \alpha_1 \ln LAND_{it} (LAND_{it} \leq \eta_1) + \alpha_2 \ln LAND_{it} (LAND_{it} > \eta_1)$$
$$+ \theta_1 \ln LIGHT_{it} + \theta_2 LABOR_{it} + \varepsilon_{it} \quad (3-2)$$

基于矿产资源禀赋对人口城市化进程影响"双重门槛"面板模型如下：

$$\ln PUP_{it} = \alpha_1 \ln MINERAL_{it} (MINERAL_{it} \leq \eta_1)$$
$$+ \alpha_2 \ln MINERAL_{it} (\eta_1 < MINERAL_{it} \leq \eta_2)$$
$$+ \alpha_3 \ln MINERAL_{it} (MINERAL_{it} > \eta_2)$$
$$+ \theta_1 \ln LIGHT_{it} + \theta_2 LABOR_{it} + \varepsilon_{it} \quad (3-3)$$

其中，$WATER_{it}$、$LAND_{it}$ 和 $MINERAL_{it}$ 为门槛变量，η_1 和 η_2 为估算的门槛值。

3.3.2 实证结果分析

在得到门槛值 η_1 和 η_2 后,对双门槛模型和单门槛模型进行参数估计,需要特别说明的是,本书衡量环境资源时,选取了与生产生活及城市化最密切相关的水资源、土地资源和矿产资源,所以在考察环境资源对人口城市化发展的支撑作用时,估计结果有三组(见表3-6)。

表3-6 资源禀赋对人口城市化支撑作用的面板门槛模型估计结果

变量	水资源支撑作用 (1)	土地资源支撑作用 (2)	矿产资源支撑作用 (3)
	1.501^{***} $\ln WATER_{it} \leqslant 2.095$	1.028^{***} $\ln LAND_{it} \leqslant 4.360$	1.106^{***} $\ln MINERAL_{it} \leqslant 6.440$
资源	0.067^{***} $2.095 < \ln WATER_{it} \leqslant 3.498$	2.015^{***} $\ln LAND_{it} > 4.360$	0.507^{***} $6.440 < \ln MINERAL_{it} \leqslant 7.336$
	-0.012^{**} $\ln WATER_{it} > 3.498$		0.089^{*} $\ln MINERAL_{it} > 7.336$
LIGHT	2.391^{***}	4.124^{***}	4.582^{***}
LABOR	0.069^{*}	-0.018	0.012^{**}

注:***、**、* 分别表示在1%、5%和10%显著性水平上显著。
资料来源:笔者根据4.2.3部分数据来源应用 Stata 软件计算整理而得。

从表3-6第(1)~第(3)列的估计结果来看,在分别以水资源、矿产资源和土地资源为门槛变量的双门槛和单一门槛的2个控制变量模型中,除第(2)列劳动生产率系数为负且不显著外,其他变量系数均为正且显著。劳动生产率对我国东北地区人口城市化的促进作用并不明显，而经济发展对人口城市化水平的提升具有显著的促进作用，这与我国的实际情况是相符合的。一方面，理论上，劳动生产率是企业生产技术水平、经营管理水平、职工技术熟练程度和劳动积极性的综合表现，劳动生产率"正反馈"作用的发挥，必然提高区域城市化水平（YuhongTian，2019）。同时，资源禀赋决定地区产业布局和劳动生产率的高低（Li Z，2019）。东北地区整体资源枯竭型城市数量多，产业结构偏重，大部分资源枯竭型城市未培育出接续发展产业，其经济发展一直依赖于煤炭、钢铁、石化和装备制造产业为主导的重工业刚性生产模式（于冠一，2018）。劳动生产率水平低于我国京津冀、沪宁杭和珠江三角洲地区，对地区农村劳动力转移的推动作用有限，相对于其他指标对人口城市化影响较小。另一方面，依据鲍莫尔—福克斯两部门非均衡理论（Baumol W J，1963），东北地区在推进工业化的进程中，由于城市第三产业吸收了大量生产率差异较大的劳动力，第三产业劳动生产率滞后于工业。因此，较低的劳动生产率可能对应较高的城市化水平。人口城市化依赖于经济发展，产业升级过程中资本的积累使城市工资水平提高，从而吸引大量劳动力和人口迁入（于冠一，2018）。由于集聚经济的正外部性作用，大量劳动力和其他要素从乡村转向城市。

从表3-6第（1）列中明显看出，以水资源（$WATER_{it}$）为门槛变量，水资源禀赋对人口城市化进程的支撑作用呈现显著的非线性关系。人口城市化过程中，农村人口迁入城市，人口数量对水资源的需求变化直接反应水资源对人口城市化影响程度。回归结果呈现显著的双门槛效应，且水资源（$WATER_{it}$）系数值呈阶段性递减趋势，此现象同东北地区城市常住人口数量变化规律一致，经统计，1986~1994年，东北黑龙江、吉林、辽宁、内蒙古四省区城市常住人口年均增长3.17%；1995~2001年，黑龙江、吉林、辽宁、内蒙古四省区城市常住人口年均增长 3.17%；2002~2017 年，城市常住人口呈负增长趋势，年均增长值为 -1.14%。此外，由于教育水平和环保意识的提高，居民节水意识增强，水资源消耗减少，因此，人口城市化对水资源需求系数呈现增长缓慢趋势。

表 3-6 第（2）列考察了土地资源禀赋与东北地区人口城市化的关系，结果显示，土地资源禀赋显著促进了人口城市化进程，对人口城市化的支撑作用具有非线性特征，当土地资源的禀赋指数小于和超过 4.36 时，影响系数分别为 1.028 和 2.015，系数值不断增长说明东北地区土地供给数量相对充足，近年来，资源型城市以工业用地格局为主，依靠大量的土地要素来换取经济增长（Zang，Huang，2005）城市空间"摊大饼"式蔓延现象凸显（李一蔓，2011），城市空间扩展对人口从乡村流向城市的吸引不断增强。同时验证了 1990 年以来，东北地区同全国城市化发展规律一致，土地城市化进程快于人口城市化进程。

从表 3-6 第（3）列对人口城市化推动作用的矿产资源禀赋来看，三个阶段变量系数均显著为正，表明东北地区人口城市化的发展离不开丰富的资源环境，"十二五"期间东北地区成为全国最大的煤炭、原油、水泥、钢铁、汽车、机床等生产基地（Liu X，2019），吸引了大量农村劳动力涌入成为产业工人，为中国经济发展做出了突出贡献（Zang S Y，2015）。双重门槛矿产资源的影响系数逐渐降低，比较而言，东北地区资源枯竭型城市数量多，产业结构偏重，大部分资源枯竭型城市未培育出接续发展和可持续性外延产业。资源型城市被一些学者称作"Shrinking Cities"（萎缩性城市）：一方面，过度开发和资源利用效率低下造成污染和生态风险，城市不再宜居（B. Li，2017）；另一方面，初级产品制造为主的低端产业链，不利于因地制宜供给侧改革落实，企业经济效益下降，福利较差。综上所述，萎缩性城市人口流失严重，矿产资源禀赋对人口城市化的正向作用逐年减弱。

将所有结果进行汇总，比较三类资源环境对人口城市化影响系数，土地资源禀赋大于水资源大于矿产资源，东北地区土地资源的支撑作用最突出且呈现阶段性增长趋势。可能的原因是东北地区土地资源的自然条件、数量和结构均优于全国其他地区，而水资源和矿产资源未存在此明显优势。

3.4
自然资源禀赋对产业城市化的影响

3.4.1　自然资源禀赋的门槛检验和模型设定

资源禀赋决定地区初始产业选择（Manderson，2020）。经济发展初期，自然地理资源禀赋对地区发展起到关键作用甚至决定性作用，为降低成本，地方政府的城市化建设应根据资源禀赋进行产业布局。资源是自然禀赋丰沛地城市化发展的内在要素，资源欠丰沛地需从外界调入生产要素满足当地城市化发展的需要。随着可替代性生产要素生产的技术水平提升以及运输成本的降低，一定程度上削弱了地区间绝对优势的差异，城市发展逐步由原始资源驱动增长向资本驱动、技术驱动、创新驱动方向转变。

考虑到东北各地级市发展存在着明显的异质性，环境资源对产业城市化支撑作用在不同阶段、不同消耗数量可能存在阶段性差异，需要依据一定的门槛值对资源的消耗数量进行区间区分，找出资源消耗数量与城市化进程中产业变化的最优区间，为避免经验主义和随意性的影响，本书采用 Hansen 提出的非线性面板门槛回归模型，该方法从数理角度识别未知变量的数据特征，以"残差平方和最小值"为原则确定门槛值,进而避免人为划分门槛变量区间带来的偏误,科学可行地对内生门槛效应进行显著性检验,构建以水资源、土地资源和矿产资源为门槛变量的面板回归模型,检验资源禀赋与城市产业变化的非线性关系。

对于非线性面板门槛模型,不仅需要联合估计门槛值和参数,而且需要对门槛效应的相关性做出如下两方面的检验:一是门槛效应的存在性检验。在给定门槛值前提下,得到最小二乘回归的残差平方和最小的参数估计值,利用"Bootstrap 抽样法"对 P 值进行显著性检验。二是对门槛估计值的真实性检验。

通过门槛效果检验得到 F 值和自抽样法 P 值,如表 3 – 7 所示。结果表明,水资源、土地资源和矿产资源指标均通过单一门槛检验;双重门槛检验的结果显示,水资源、土地资源通过了显著性检验,矿产资源未通过 10% 水平上的显著性检验;三个指标的三重门槛均未通过显著性检验。综上所述,本书选择双重门槛模型分析水资源和土地资源对产业城市化的影响,选择单一门槛模型分析矿产资源对产业城市化影响,符合科学研究的严谨性要求。

表 3 – 7　　资源禀赋对产业城市化影响的门槛效应显著性检验结果

门槛变量	模型	F 值	P 值	BS 次数	不同显著性水平临界值		
					99%	95%	90%
水资源	单一门槛	30.084 ***	0.000	400	43.659	33.640	25.020
	双重门槛	11.504 **	0.016	400	51.575	33.977	25.265
	三重门槛	2.941	0.273	400	52.084	39.149	30.021
土地资源	单一门槛	28.955 **	0.030	400	30.726	22.555	18.937
	双重门槛	13.273 **	0.043	400	40.414	29.020	23.198
	三重门槛	1.334	0.504	400	46.603	30.353	27.768

门槛变量	模型	F 值	P 值	BS 次数	不同显著性水平临界值		
					99%	95%	90%
矿产资源	单一门槛	10.815 ***	0.001	400	27.225	20.003	18.228
	双重门槛	3.646	0.284	400	37.311	28.057	25.201
	三重门槛	1.004	0.364	400	38.114	29.107	25.983

注：①P 值和临界值均为采用 Bootstrap 方法反复抽样 400 次得到的结果；② *** 、** 分别表示在 1%、5% 显著性水平上显著。

资料来源：笔者根据 4.2.3 部分数据来源应用 Stata 软件计算整理而得。

三个指标门槛估计值和相应的 95% 的置信区间列示于表 3 − 8。

表 3 − 8　　　　门槛估计值与置信区间（产业城市化）

门槛变量	模型	门槛值	95% 置信区间
水资源	双重门槛	2.158	[2.048, 2.166]
		3.434	[3.223, 3.603]
土地资源	双重门槛	1.860	[1.524, 1.907]
		2.512	[2.512, 2.593]
矿产资源	单一门槛	7.066	[6.991, 7.102]

资料来源：笔者根据 4.2.3 部分数据来源应用 Stata 软件计算整理而得。

在门槛效应检验结果基础上，建立基于水资源禀赋对产业城市化进程影响的"双重门槛"面板模型如下：

$$\ln\text{IND}_{it} = \alpha_1 \ln\text{WATER}_{it}(\text{WATER}_{it} \leqslant \eta_1)$$
$$+ \alpha_2 \ln\text{WATER}_{it}(\eta_1 < \text{WATER}_{it} \leqslant \eta_2)$$
$$+ \alpha_3 \ln\text{WATER}_{it}(\text{WATER}_{it} > \eta_2) + \theta_1 \ln\text{LIGHT}_{it}$$
$$+ \theta_2 \text{LABOR}_{it} + \varepsilon_{it} \tag{3-4}$$

基于土地资源禀赋对产业城市化进程影响的"双重门槛"面板模型如下：

$$\ln IND_{it} = \alpha_1 \ln LAND_{it}(LAND_{it} \leq \eta_1) + \alpha_2 \ln LAND_{it}(\eta_1 < LAND_{it} \leq \eta_2)$$
$$+ \alpha_3 \ln LAND_{it}(LAND_{it} > \eta_2) + \theta_1 \ln LIGHT_{it}$$
$$+ \theta_2 LABOR_{it} + \varepsilon_{it} \qquad\qquad (3-5)$$

基于矿产资源禀赋对产业城市化进程影响的"单一门槛"面板模型如下：

$$\ln IND_{it} = \alpha_1 \ln MINERAL_{it}(MINERAL_{it} \leq \eta_1)$$
$$+ \alpha_2 \ln MINERAL_{it}(MINERAL_{it} > \eta_1)$$
$$+ \theta_1 \ln LIGHT_{it} + \theta_2 LABOR_{it} + \varepsilon_{it} \qquad (3-6)$$

其中，$WATER_{it}$、$LAND_{it}$ 和 $MINERAL_{it}$ 为门槛变量，η_1 和 η_2 为估算的门槛值。

3.4.2 门槛模型的回归分析

从表 3-9 可以看出，水资源消耗对产业城市化的影响系数在前两阶段是正的，当消耗量超过取对数后的 3.434 时，系数为负，水资源对产业城市化的支撑作用呈倒"U"型趋势，这一特征符合环境资源库兹涅茨曲线规律。通过对产业城市化进程与用水量变化的实证分析发现，东北地区用水量变化同世界发达国家一致，表现出如下规律性的变化：在工业化和城市化加速阶段，用水增长量达到最高水平；在工业化和城市化过程稳定阶段之后，用水量下降；在完成工业化或城市化后，用水增长率进入零增长或负增长阶段（张培丽，2015）。工业作为资源密集型产业，其在三次产业中所占比重不断提高，必然会带动用水量的不断增长。产业城市化进程中，当服务业比重超过第二产业时，用水量也随之下降。东北地区是全国城市化、工业化发展较早地区，其产业城市化用水量变化对我国其他城市的用水量变化具有指导性。

表 3 – 9　　　资源禀赋对产业城市化支撑作用的面板门槛模型估计结果

变量	水资源支撑作用 (1)	土地资源支撑作用 (2)	矿产资源支撑作用 (3)
资源	1.257 *** $WATER_{it} \leqslant 2.158$	2.206 *** $LAND_{it} \leqslant 1.86$	2.171 *** $MINERAL_{it} \leqslant 7.066$
	0.638 *** $2.158 < WATER_{it} \leqslant 3.434$	5.661 *** $1.86 < LAND_{it} < 2.512$	0.629 *** $MINERAL_{it} > 7.066$
	−0.009 * $WATER_{it} > 3.434$	4.571 *** $LAND_{it} \leqslant 2.512$	
LIGHT	3.527 ***	1.912 ***	7.858 ***
LABOR	−0.050 *	−0.046	−0.044

资料来源：笔者根据 4.2.3 部分数据来源应用 Stata 软件计算整理而得。

表 3 – 9 第（2）列显示，土地对产业城市化支撑作用系数在门槛值的任何区间内均为正，系数值较其他两类资源高，且呈连年增长的趋势。其原因可能是随着产业城市化的不断推进，区域土地利用主体在效益最大化前提下，土地利用类型逐渐向工业用地转换，形成了独立工矿或城市建设用地。

表 3 – 9 第（3）列检验矿产资源供给对城市产业结构变化的影响，在控制其他因素后，矿产资源供给与城市产业结构在两阶段呈现正增长趋势，但增速逐渐回落。矿产资源供给跨越 1171.45（模型估测的门槛为 7.066）时，城市工业、服务业占比提高 2.171%；此后，增长速度降为 0.629%。可能的原因是长期以来，东北地区工业化处于快速推进阶段，需要大规模开发使用矿产资源。近年来全国经济进入调整结构和速度的新常态，尤其是 2013 年起辽宁省

各项经济指标开始下滑，"稳增长、调结构、促改革"的新常态经济发展方向已经形成，必然引起产业链低端的大宗矿产需求和重工业产业结构的调整，因此，在矿产资源供给至1171.45的前后阶段，矿产资源对产业城市化的影响逐渐降低。

以夜间灯光强度替代的经济指标LIGHT系数较大，对城市二三产业比重的变动具有显著的促进作用。理论上，古典经济学家认为市场作用调节下，理性人为追求自身利益最大化，增加对价格高产品的生产与投入，产业结构形成及变动是经济增长过程中的自发产物。第一产业为农产品，属国际大宗商品，产品价格整体低于二三产业，因此，城市产业结构的变动主要依赖市场的调节作用。振兴东北老工业基地和发展现代服务业、现代制造业的导向指引，东北地区经济发展对城市化产业结构的变动具有显著的促进作用。劳动生产率LABOR对城市产业变化影响不明显，这可能与东北地区重工业刚性生产模式有关。

3.5

自然资源禀赋对土地城市化的影响

3.5.1 自然资源禀赋的门槛检验和模型设定

大量研究成果证实资源供给对城市化影响并非简单的线性关系，本书根据Hansen所提出的F统计量对资源供给门槛估计值的个数和真实性进行检验。本节同上两节，设计3个环境资源门槛变量，观察表3-10中所有F值可知，水资源单一门槛和双重门槛效应均通过检验，表3-11显示运用残差平方和估计的门槛值分别是3.227和4.238，据此估计双重门槛效应模型。土地资源和矿产资源只有单一门槛通过了检验，门槛值分别 2.011 和 1.830，选用单一门槛效应进行回归分析。

表 3 - 10　　资源禀赋对土地城市化影响的门槛效应显著性检验结果

门槛变量	模型	F 值	P 值	BS 次数	不同显著性水平临界值		
					99%	95%	90%
水资源	单一门槛	7.185 ***	0.003	400	12.025	22.276	25.014
	双重门槛	6.229 **	0.016	400	16.698	21.127	38.081
	三重门槛	6.002	0.225	400	19.016	24.053	24.126
土地资源	单一门槛	9.307 **	0.000	400	24.947	31.085	48.178
	双重门槛	8.926	0.068	400	20.009	25.119	39.041
	三重门槛	8.014	0.154	400	19.289	22.333	31.905
矿产资源	单一门槛	12.410 ***	0.001	400	16.779	10.322	5.809
	双重门槛	11.416	0.005	400	14.113	7.068	4.716
	三重门槛	9.545	0.183	400	17.024	14.383	14.974

注：①P 值和临界值均为采用 Bootstrap 方法反复抽样 400 次得到的结果；② *** 、** 分别表示在 1%、5% 显著性水平上显著。

资料来源：笔者根据 4.2.3 部分数据来源应用 Stata 软件计算整理而得。

三个指标门槛估计值和相应的 95% 的置信区间列示于表 3 - 11。

表 3 - 11　　　　门槛估计值与置信区间（产业城市化）

门槛变量	模型	门槛值	95% 置信区间
水资源	双重门槛	3.227	[3.144，3.239]
		4.238	[4.155，4.842]

门槛变量	模型	门槛值	95%置信区间
土地资源	单一门槛	2.011	[1.974, 2.163]
矿产资源	单一门槛	6.830	[6.802, 6.907]

资料来源：笔者根据4.2.3部分数据来源应用 Stata 软件计算整理而得。

在门槛效应检验结果基础上，建立基于水资源禀赋对产业城市化进程影响"双重门槛"面板模型如下：

$$\ln AREA_{it} = \alpha_1 \ln WATER_{it} (WATER_{it} \leqslant \eta_1)$$
$$+ \alpha_2 \ln WATER_{it} (\eta_1 < WATER_{it} \leqslant \eta_2)$$
$$+ \alpha_3 \ln WATER_{it} (WATER_{it} > \eta_2)$$
$$+ \theta_1 \ln LIGHT_{it} + \theta_2 LABOR_{it} + \varepsilon_{it} \qquad (3-7)$$

基于土地资源禀赋对产业城市化进程影响"单一门槛"面板模型如下：

$$\ln AREA_{it} = \alpha_1 \ln LAND_{it} (LAND_{it} \leqslant \eta_1) + \alpha_2 \ln LAND_{it} (LAND_{it} > \eta_1)$$
$$+ \theta_1 \ln LIGHT_{it} + \theta_2 LABOR_{it} + \varepsilon_{it} \qquad (3-8)$$

基于矿产资源禀赋对产业城市化进程影响"单一门槛"面板模型如下：

$$\ln AREA_{it} = \alpha_1 \ln MINERAL_{it} (MINERAL_{it} \leqslant \eta_1)$$
$$+ \alpha_2 \ln MINERAL_{it} (MINERAL_{it} > \eta_1)$$
$$+ \theta_1 \ln LIGHT_{it} + \theta_2 LABOR_{it} + \varepsilon_{it} \qquad (3-9)$$

其中，$WATER_{it}$、$LAND_{it}$ 和 $MINERAL_{it}$ 为门槛变量，η_1 和 η_2 为估算的门槛值。

3.5.2 门槛模型的回归分析

在门槛数量和存在性检验基础上，需要进一步对模型进行参数估计，具体结果见表 3 – 12。从表 3 – 12 中可看出，当水资源的供给小于 25.204（$e^{3.227} = 25.204$），水资源对土地城市化具有显著的抑制作用；当水资源供给超过门槛值 25.204，对土地城市化有促进作用；当水资源供给超过 69.269（$e^{4.238} = 69.269$）时，水资源供给又抑制土地城市化的增长。为实现城市经济发展，需各种资源参与开发与建设，本书中水资源与城市土地扩张呈现的非线性关系与预期不符。可能的原因是，由于居民和工业节水技术及意识的提高，各城市水资源供给量趋势连年下降，但建成区面积呈稳定增长，因此，第一阶段和第三阶段时间序列上呈负相关关系。第二阶段大量工业和农业扩张加快，城市建成区面积增长，消耗的水资源增长。

表 3 –12　　　　资源禀赋对土地城市化支撑作用的面板门槛模型估计结果

变量	水资源支撑作用 （1）	土地资源支撑作用 （2）	矿产资源支撑作用 （3）
资源	-0.315^{***} $WATER_{it} \leqslant 3.227$	6.124^{***} $LAND_{it} \leqslant 2.011$	12.911^{***} $MINERAL_{it} \leqslant 6.830$
	2.182^{***} $3.227 < WATER_{it} \leqslant 4.238$	9.725^{***} $LAND_{it} > 2.011$	0.531^{***} $MINERAL_{it} > 6.830$
	-2.043^{*} $WATER_{it} > 4.238$		
LIGHT	5.362^{***}	15.282^{***}	8.840^{***}
LABOR	0.034^{*}	-0.000	1.141^{***}

资料来源：笔者根据 4.2.3 部分数据来源应用 Stata 软件计算整理而得。

　　第（2）列，土地是建成区面积扩张的最直接要素，东北地区建成区面积扩张呈现明显的时段差异。当土地资源供给程度小于

7.471 时（$e^{2.011}=7.471$），土地资源供给增长 1%，城市建成区面积增加 6.124%；当土地供给程度大于 7.471 时，东北地区地级市土地城市化进程迅速加快，建成区面积增长至 9.725%。从系数上看，东北地区土地城市化进程加速明显。

矿产资源对土地城市化的支撑作用分为两个阶段，当矿产资源的供给水平位于拐点左侧时，企业扩大生产规模，资源需求增加，大量的工业用地扩张，城市建成区面积扩大。当矿产资源的供给水平位于拐点右侧时，资源型城市逐渐陷入资源诅咒，接续产业发展不足，企业效益下降，资源需求型工业萎缩，对建成区面积扩大起到抑制作用。

3.6

本章小结

资源环境是人类赖以生存繁衍的自然本底条件与支撑系统。城市化对资源需求的关系可以归纳为两方面，一方面是城市发展对资源需求增加；另一方面是城市集约效应提高了基础设施的使用效率，节能减排技术及居民环保意识的提高促进了资源的有效利用效率。这两方面相反的过程决定了二者复杂关系分阶段的系数值，急需提供系统性和整体性的区域科学理论、经验数据与政策支持。本书用东北地区 1986~2017 年地级市面板数据得出，城市化过程中水资源和矿产资源能源需求系数逐年降低，土地资源能源需求系数逐年增长，且土地资源禀赋支撑作用大于水资源，大于矿产资源，三类资源均存在显著的门槛效应，具体结论为：

比较三类资源环境对人口城市化影响系数，土地资源禀赋大于水资源，大于矿产资源，东北地区土地资源的支撑作用最突出且呈现阶段性增长趋势，具体为：①以水资源为门槛变量，水资源禀赋对人口城市化进程的支撑作用均呈显著的非线性关系，呈现显著的双门槛效应，水资源系数值呈阶段性递减趋势。此现象同东北地区城市常住人口数量变化规律一致，此外，由于受教育水平和环保意识的提高，居民节水意识增强，水资源供给减少，人口城市化指标增长缓慢。劳动生产率对我国东北地区人口城市化的促进作用并不明显，而经济发展对人口城市化水平的提升产生显著的促进作用。②土地资源供给显著促进了人口城市化进程，对人口城市化的支撑作用呈两阶段非线性关系。东北地区土地供给相对充足，城市空间"摊大饼"式蔓延现象凸显。同时验证了 1986 年以来，东北地区同全国城市化发展规律一致，土地城市化进程快于人口城市化。③对人口城市化推动作用的矿产资源禀赋来看，三阶段变量系数均显著为正，表明东北地区人口城市化的发展离不开丰富的资源环境，但双重门槛矿产资源的影响系数逐渐降低。萎缩性城市人口流失严重，矿产资源禀赋对人口城市化的正向作用逐年减弱。

三类资源对产业城市化的影响：①水资源供给对产业城市化的影响系数在前两阶段是正的，当供给量超过取对数后的 3.434 时，系数为负，水资源对产业城市化的支撑作用呈倒"U"型趋势，这一特征符合环境资源库兹涅茨曲线规律。②土地对产业城市化支撑作用系数在门槛值的任何区间内均为正，系数值较其他两类资源高，且呈连年增长的趋势。③矿产资源供给与城市产业结构在两阶段呈现正增长趋势，当矿产资源供给跨越 1171.45 时，城市工业、服务业占比提高 2.17%；此后，增长速度降为 0.629%。

三类资源对土地城市化的影响：①由于居民环保意识和工业节水技术的提高，各城市水资源供给量趋势连年下降，但建成区面积呈稳定增长，因此，第一阶段和第三阶段时间序列上呈负相关关系。第二阶段大量工业和农业扩张加快，城市建成区面积增长，消耗的水资源增长。②土地是建成区面积扩张的最直接要素，东北地区建成区面积扩张呈现明显的时段差异。从系数上看，东北地区土地城市化进程加速明显。③矿产资源对土地城市化的支撑作用分为两个阶段，当矿产资源的供给水平位于拐点左侧时，企业扩大生产规模，资源需求增加，大量的工业用地扩张，城市建成区面积扩大。当矿产资源的供给水平位于拐点右侧时，资源型城市逐渐陷入资源诅咒，企业效益下降，接续产业发展不足，资源需求型工业萎缩，建成区面积增长放缓。

第 4 章

城市化对雾霾污染的影响
及溢出效应

通过前几章分析，对东北地区城市化与资源环境系统以及主控要素的显性影响过程有了宏观的定量判断。本章根据现实直觉和实证经济学研究范式，将城市化对雾霾污染的影响提炼为两大系统关系的第二阶段。为弥补经典范式不足，引入空间溢出效应和非线性方法，并尝试将两种方法结合，推进了两大系统复杂性关系的研究。

大气污染相对于水污染、土壤污染等其他污染形式最容易被人感知。从东克拉尔发布的全球 PM2.5 浓度值卫星数据来看，我国雾霾污染最严重的区域集聚于中东部地区，形成以长三角、京津冀两大城市群为主，向北延伸至辽中南、长吉图、哈大齐城市群的稳定污染格局。综观以往研究成果，学者们多数关注长三角、京津冀的雾霾污染问题，对其他地区关注不多。世界卫生组织在 2005 年发布的《空气质量准则》中将年度 PM2.5 浓度安全准则值由原来的 $35\mu g/m^3$ 下调至 $10\mu g/m^3$，而东北地区所有年份和地区 PM2.5 浓度年均值均超出 $35\mu g/m^3$，沈阳、鞍山、长春等地 2016 年甚至已超过 $80\mu g/m^3$。本章按照经济学思路分析东北各地区城市化进程中的雾霾污染变化情况，以此判断和理解城市化对环境污染的分阶段影响和溢出效应。

4.1

东北地区大气污染

2013 年以来，以 PM10 和 PM2.5 为主导的雾霾污染严重威胁公众日常生活和健康（Zhang Ming，2019；Fu Hongbo，2017）。中国开展了一系列空气污染健康研究，结果表明，空气污染对死亡率、发病率、住院率、肺功能变化均有显著影响（Chen，2004）。世界银行估计，2003 年中国城市地区因空气污染增加的卫生成本占国内生产总值（GDP）的 1.2% ~ 3.3%。东北是我国面积最大的经济区，其协同发展已上升至国家战略，"十二五"规划要求东北三省：重点推进辽宁沿海经济带和沈阳经济区、长吉图、哈大齐和牡绥地区等区域发展。但同时，东北地区也是我国大气污染最集中、最严重的区域之一，国家大气污染防治攻关联合中心数据显示，秋冬季常出现空气质量指数（AQI）出现"爆表"现象（AQI > 500）。《东北全面振兴"十四五"实施方案》指出，筑牢祖国北疆生态安全屏障，东北地区大气污染问题成为当前政府、学界、公众和媒体普遍关注的焦点。

针对东北大气污染影响因素的解析，学者已有较多研究：东北典型建筑的污染转移途径研究（Fan X，2015）；秋季收成后的农作物残渣燃烧现象导致的污染；火灾引起的极端天气，加剧 PM2.5 的污染（Li Y，2019）；东北不同地区空气污染差异较大，在中度和重度污染地区，居民健康状况呈下降趋势（Li X，2019）；低地表风速气象条件不利于污染物扩散的影响（Yag T，2017）。

基于上述雾霾污染的现实背景和众多学术成果，本节将对城市环境危害最大的雾霾污染细颗粒物 PM2.5 作为研究对象，采用恰当的空间计量模型和面板门槛模型，对东北各地区雾霾污染的空间溢出效应和有关城市化进程的影响因素进行系统性考察，在以下内容和方法上进行新的尝试：①城市化进程通常包括互相关联的三方面改变：城市人口增长、城市产业结构升级以及建成区规模扩大。传统观点认为城市化进程必然加剧雾霾污染，本书拟围绕城市化进程的上述三方面路径设置适当指标并作为自变量，基于空间溢出效应和非线性视角，探索东北地区地级及以上城市不同城市化道路选择对雾霾污染的影响程度。②近年来全国经济进入调整结构和速度的新常态，2013 年起辽宁省各项经济指标开始下滑，加上统计纠偏的因素，导致东北地区统计数据，其经济动态分析面临严重的数据困惑，多数学者证实灯光数据与经济发展高度相关，考虑到个别指标先后统计质量不一致的问题，本书以卫星监测的城市夜间稳定灯光强度数据作为反映经济增长和城市化发展水平的替代变量，对雾霾形成的影响因素进行稳健性分析。③基于达尔豪斯大学大气成分分析机构公布的 PM2.5 年度卫星监测数据，解决了我国 PM2.5 官方数据时间维度缺失的问题。

4.2

城市化与雾霾污染影响关系模型设定

4.2.1 模型设定

从生产投入角度看，已有研究大多将环境作为要素投入生产中，从而在生产末端会产生污染这一附属产品。本书选择其中最典型的雾霾污染，扩展 Yoshiaki Ushifusa 产出密度模型，以推倒雾霾污染的形成因素。假设 t 期单位总产出 Q_t 分为两个部分，单位正常产出 Y_t 和雾霾污染 Z_t，则城市产出密度函数可扩展为：

$$Y_t + Z_t = \frac{y_t}{a_t} = A_t^{\lambda} \left[\left(\frac{n_t}{a_t} \right)^{\beta} \times \left(\frac{k_t}{a_t} \right)^{1-\beta} \right]^{\alpha\lambda} = Q_t \qquad (4-1)$$

其中，a_t 为 t 期城市面积，多指城市建成区面积，y_t、A_t、n_t、k_t 分别为 t 期企业总产出、希克斯中性的技术系数、城市就业人口和资本投入，α 为由于拥挤带来的资本和劳动边际收益，β 为资本和劳动力两种生产要素的投入份额，λ 为产出密度系数，测度集聚效应，当 $\lambda > \alpha^{-1} > 1$ 时，地方经济因集聚和城市化产生正外部性，为获取集聚的溢出效应，企业因交通成本和市场等区位优势不断涌入中心地，生产愈发集中，此时集聚地产出扩张、污染增加。企业以利润最大化为目标，同时需要负担因污染而治理的成本，使用 γ 比例的生产要素对环境进行治理，雾霾污染为：

$$Z_t = \phi(\gamma) Q_t \qquad (4-2)$$

$\phi(\gamma)$ 是关于 γ 的雾霾污染排放函数，且是 γ 的减函数：

$$\phi(\gamma) = A_t (1-\gamma)^{\frac{1}{\varepsilon}} \qquad (4-3)$$

A_t 为排污技术，ε 为排放系数，可得：

$$Z_t = A_t^{1+\lambda} (1-\gamma)^{\frac{1}{\varepsilon}} \left[\left(\frac{n_t}{a_t} \right)^{\beta} \times \left(\frac{k_t}{a_t} \right)^{1-\beta} \right]^{\alpha\lambda} \qquad (4-4)$$

参照范剑勇（2006）研究成果，将资本需求函数定为 $k_t = \frac{\alpha \cdot (1-\beta)}{\delta_t} \cdot (Y_t + Z_t)$，其中，$\delta_t$ 为 t 时期资本价格，假设资本价格在东北地区范围内一致，将其代入雾霾污染排放公式并取对数，可得：

$$\ln Z_t = \frac{1+\lambda}{1-\alpha\lambda(1-\beta)} A_t + \frac{1}{[1-\alpha\lambda(1-\beta)]\varepsilon} \ln(1-\gamma)$$

$$+ \frac{\alpha\lambda\beta}{1-\alpha\lambda(1-\beta)} \ln n_t - \frac{\alpha\lambda\beta}{1-\alpha\lambda(1-\beta)} \ln a_t$$

$$+ \frac{\alpha\lambda}{[1-\alpha\lambda(1-\beta)]\varepsilon} \ln(1-\beta) \ln\alpha + \frac{\alpha\lambda(1-\beta)}{1-\alpha\lambda(1-\beta)} \ln(1-\beta)$$

$$+ \frac{\alpha\lambda(1-\beta)}{1-\alpha\lambda(1-\beta)}\ln Y_t - \frac{\alpha\lambda(1-\beta)}{1-\alpha\lambda(1-\beta)}\ln\delta_t \qquad (4-5)$$

式（4-5）表明，雾霾污染与城市劳动人口 n_t、城市建成区面积 a_t、工业产出 Y_t 等反映城市化过程的指标密切相关，同时还受要素投入比例 γ、技术水平 A_t 等指标影响，影响程度取决系数 α、β、λ、ε 大小。

当 $0<\lambda<1$ 时，城市化过程中过度集聚产生了负外部性，中心地土地价格、租金及运营成本提高，再加上污染加剧，居民和政府的环保诉求提高，环境规制增强，从而排污成本较高的企业迁出，本地的污染产业转移，因此由于集聚带来的污染存在一个临界水平，取决于以上变量的大小。

近年来我国的城市化不断推进，城市中企业聚集化程度不断提高，集中了大部分的工业产能，是经济发展的重要引擎，城市地区的经济发展超前于规划和治理水平。基于以上理论和现实经验分析，本书假设东北地区的城市化集聚程度未达到临界水平，城市化进程的推进加剧雾霾污染（见图4-1）。

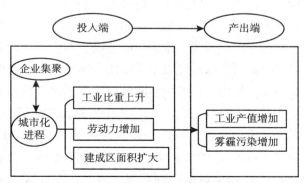

图 4-1　城市化进程对雾霾的影响

资料来源：笔者依据投入产出理论绘制。

4.2.2 空间溢出效应检验

我国环保部门从 2013 年开始统计各城市 PM2.5 日浓度值,鉴于历史数据的缺失,国内外学者目前获取 PM2.5 浓度值主要有三种方法:①东克拉尔将卫星遥感气溶胶光学性质应用于大气污染监测中,哥伦比亚大学社会经济研究中心在东克拉尔团队测定的全球气溶胶光学厚度(AOD)基础上将其转化为 1998~2012 年度栅格数据。马丽梅、东童童、邵帅(2014,2015,2016)利用 ArcGIS 软件将栅格数据解析为我国各省 PM2.5 年浓度值。②达尔豪斯大学大气成分分析课题组与中国学者使用的数据源相同,该机构利用化学 SeaWiFS 仪器与 GEOS–Chem 输送模式,基于地理加权回归模型最终校准了全球范围内的 1998~2017 年 PM2.5 年均浓度值。相对于哥伦比亚大学社会经济研究中心的研究成果,达尔豪斯大学大气成分分析课题组公布的数据时效性更好,清晰度更高,可达 0.01*0.01 经纬度。③魏巍贤、马喜立根据《2013 中国环境状况公报》中 PM2.5 浓度与二氧化硫排放量的比例推算往年 PM2.5 浓度值。尽管地面监测数据时序完整、准确,不易受气象条件影响,但我国幅员辽阔,密集设置国土范围内的监测点并不现实,目前技术条件下,以点带面的地面检测数据并不能科学完整反映我国所有地区空气污染的真实程度。而卫星监测能够大范围地获取大气污染分布特征,可由微观上升到宏观层面。本书借鉴第二种方法,使用达尔豪斯大学大气成分分析课题组公布的 2000~2017 年 PM2.5 年均值数据,利用 ArcGIS 软件的区域统计分析功能得到东北地级及以上城市的 PM2.5 年均值时间序列数据。测算东北地区代表性年份 PM2.5 浓度空间分布,①雾霾污染集中于以哈尔滨、长春、沈阳和大连为中心及辐射周边工业城市纵观南北的区域,与《全国城镇体系规划》中"哈尔滨—大连"铁路、公路网而形成的东北三省核心城市带、"沈阳经济区"、"长吉图"和"哈大齐"城市带范围大体重合,该区域的雾霾污染逐年加重;②研究区间内大连市逐渐退出了雾霾高污染集聚区;③哈尔滨、大庆的下辖县成为高污染聚集区。可见东北雾霾污染有以哈尔滨为中心逐步向南北扩散的趋势,特别是向北部扩张更为明显。

本书引入在空间平均关联性研究中应用广泛的 Moran's I 对东北各地区雾霾污染的空间关联进行考察,公式为:

$$\text{Moran's I} = \frac{n \sum_{i=1}^{n} \sum_{j=1}^{j} W_{ij}(x_i - \overline{x})(x_j - \overline{x})}{\sum_{i=1}^{n} \sum_{j=1}^{j} W_{ij} \sum_{n=1}^{n} (x_i - \overline{x})^2} \qquad (4-6)$$

其中,n 为地区数量,本章样本为东北黑龙江、吉林、辽宁、内蒙古四省区地级市数量,n = 41。x_i 为 i 地区的 PM2.5 年均值,W_{ij} 为空间权重矩阵。参照王守坤研究成果,构建以下四种权重矩阵(王守坤,2013)。第一种为邻接权重矩阵(W_1),利用 Geoda 软件将空间相邻地区设为 1,非相邻设为 0,主对角线元素为 0。第二种为空间反距离矩阵(W_2),参照谷歌地图,确定 41 个地区的几何中心经纬度坐标,利用 ArcGIS 软件计算两地区间几何中心的球面距离,再将距离取倒数,主对角线元素为 0,两地区联系紧密程度与空间距离成反比。第三种为经济距离矩阵(W_3),取两地区人均地区生产总值之差绝对值的倒数。地区间经济指标越接近,空间联系越密切,主对角线元素为 0。第四种为融合了地理距离与经济因素的嵌套矩阵(W_4),$W_4 = W_2 \times \text{diag}(\overline{X}_1 / \overline{X},\ \overline{X}_2 / \overline{X},\ \cdots\cdots,\ \overline{X}_n / \overline{X})$,其中,$W_2$ 为空间反距离权重矩阵,diag 为主对角线元素,$\overline{x}_i$ 为 i 地区历年人均地区生产总值的均值,$\overline{x}$ 为所有地区历年人均地区生产总值均值,对角阵衡量人均地区生产总值相对大小。

Stata 软件计算可得，四种矩阵设定下东北地区 PM2.5 年均值的 Moran's I 均大于零且通过了 1% 的显著性检验。表明东北各地区之间的雾霾污染正向空间溢出效应非常显著，呈现高—高、低—低污染集聚的分布特征。

4.2.3 变量选择与数据来源

科学全面地识别城市化进程对雾霾的影响，将为实现东北地区未来经济发展模式转变，打造绿色、低碳新型城市提供理论和数据支持。依据研究主题，本书选择 2000~2017 年东北 41 个地级市面板数据，采用空间计量模型检验城市化进程的三条路径及相应变化对雾霾污染的直接影响和对邻近地区的空间溢出效应。

广义的城市化进程是一系列社会经济活动的变化过程，归结起来主要有三大标志性特征：①城市人口比重的增加，产业升级过程中资本的积累使得城市工资水平提高，从而吸引大量劳动力和人口迁入。②第一产业比重逐年下降，城市地区产业结构升级。城市化初期，工业化为城市化提供了物质基础，当经济发展和城市化水平达到一定程度时，服务业逐渐兴起，二者互动互融（郭克莎，2009）。目前我国发达地区服务业增加值占地区生产总值的比重已经超过了第二产业比重，因而第二产业和第三产业比重的上升也是城市化过程中的典型表现。本书根据现实直觉和理论研究成果推断，雾霾污染主要来源于工业生产中化石燃料的燃烧和建筑业粉尘的排放，与第三产业关联较小，但作为城市产业的重要组成部分，本书将第二、三产业增加值占比作为衡量城市化进程的指标。③城市建成区面积的扩大。

核心变量城市化进程影响雾霾的机理已在上文阐述，除此之外也存在众多不容忽视因素，本书参考邵帅对雾霾成因的研究（邵帅，2016），并结合东北具体情况，选择供热总量、经济增长指标、环境治理投资额、植被覆盖指数、汽车尾气排放量作为控制变量，核心变量与控制变量的定义和描述性统计呈现在表 4 - 1 和表 4 - 2。

表 4 - 1　　　　　　　　　　　　　　变量选取

分类	变量名称	变量含义
内生变量	PM2.5	直径小于等于 2.5 微米的颗粒物（$\mu g/m^3$）
核心变量	urb	城市人口比重：城区（县域）人口/各地区年末总人口
	ind	城市产值比重：第二、三产业增加值/地区生产总值
	area	建成区面积（km^2）
控制变量	heat	供热总量：城市集中供热热水供热总量（万吉焦）
	light	经济增长指标：城市夜间稳定灯光强度数据
	env	环境治理投资额（万元）
	ndvi	植被覆盖指数
	car	汽车尾气排放量：民用汽车拥有量（千辆）
空间权重矩阵	W_1、W_2、W_3、W_4	邻接矩阵、反距离矩阵、经济矩阵、嵌套矩阵

表 4 - 2　　　　　　　　　　　　　　变量描述性统计

变量	最大值	最小值	均值	标准差
PM2.5	93.30	7.4	39.26	9.64
urb	14.62	74.60	50.98	10.1
ind	95.90	36.92	49.32	16.20
area	465	25.02	112.21	261.53
heat	12494	498	1337	813.43
light	44.9	10.96	20.33	8.90

变量	最大值	最小值	均值	标准差
env	9054214	28040	348667.7	838407.6
ndvi	100.6	3.00	27.44	38.76
car	1459.68	29.64	146.59	55.37

资料来源：笔者根据东北地区各地级市统计年鉴应用 Excel 软件计算整理而得。

PM2.5 数据来源于达尔豪斯大学大气成分分析机构公布的全球 PM2.5 栅格数据，利用 ArcGIS 软件将其解析为东北各地区 PM2.5 年均值。核心变量为城市化过程的三个代表性指标：城市人口比重，第二、三产业比重和建成区面积。控制变量为各地区供热总量、经济增长指标、环境治理投资、制备覆盖指数和汽车尾气排放量。其中，年末总人口、第二产业增加值、第三产业增加值、地区生产总值和民用汽车拥有量数据来源于《黑龙江统计年鉴》《吉林统计年鉴》《辽宁统计年鉴》《内蒙古统计年鉴》和《中国城市统计年鉴》；各地区城区人口、建成区面积、城市供热总量数据来源于黑龙江、吉林、辽宁、内蒙古城乡建设统计年报；城市夜间稳定灯光强度数据和植被覆盖指数来源于美国国家海洋和大气管理局国家环境信息中心。

4.3

东北地区雾霾污染的影响因素及城市化空间效应

在研究区域经济问题时，若经济模型出现了不恰当的识别，通常被认为模型变量间忽略了空间依赖性，则应在模型设定中增加空间滞后项（Spatial Lagged Dependance）或空间误差项（Spatial Error），将模型重新设定为空间滞后模型或空间误差模型。勒萨热和佩斯（LeSage and Pace，2009）在此基础上又提出了空间杜宾模型（Spatial Durbin Model）。上述三种模型的面板形式为：

$$Y_{it} = \rho \sum W_{ij}Y_{jt} + \beta \sum X_{it} + \mu_i + \lambda_t + \varepsilon_{it}$$

$$Y_{it} = \beta \sum X_{it} + \mu_i + \lambda_t + \phi_{it}, \phi_{it} = \delta \sum W_{ij}\phi_{jt} + \varepsilon_{it}$$

$$Y_{it} = \rho \sum W_{ij}Y_{jt} + \beta \sum X_{it} + \gamma \sum W_{ij}X_{jt} + \mu_i + \lambda_t + \varepsilon_{it}$$

$$(4-7)$$

Y_{it} 为 t 时期 i 地区的 PM2.5 年均值，Y_{jt} 为 t 时期 j 地区的 PM2.5 年均值，X_{it} 为 t 时期对 PM2.5 年均值的城市化影响因素，ρ、β、δ 为 k×1 阶相应的系数向量，μ_i 为特定空间效应，λ_t 为特定时间效应，ε_{it} 为误差项，满足 0 均值、同方差的经典假定。

为了科学地探求东北地区城市化进程对雾霾的影响关系，得到稳健的估计结果，本书首先建立空间杜宾模型量化城市化三条路径对雾霾污染的直接影响及对邻近地区的空间扩散效应：

$$\begin{aligned}
lnPM2.5_{it} = {} & \alpha + \delta \sum W_{ij} \cdot lnPM2.5_{it} + \beta_1 lnurb_{it} \\
& + \theta_1 \sum W_{ij} \cdot lnurb_{it} + \beta_2 lnind_{it} + \theta_2 \sum W_{ij}lnind_{it} \\
& + \beta_3 lnarea_{it} + \theta_3 \sum W_{ij}lnarea_{it} + \beta_4 lnheat_{it} \\
& + \theta_4 \sum W_{ij}lnheat_{it} + \beta_5 lnlight_{it} + \theta_5 \sum W_{ij}lnlight_{it} \\
& + \beta_6 lnenv_{it} + \theta_6 \sum W_{ij}lnenv_{it} + \beta_7 lnndvi_{it} \\
& + \theta_7 \sum W_{ij}lnndvi_{it} + \beta_8 lncar_{it} + \theta_8 \sum W_{ij}lncar_{it} + \varepsilon_{it}
\end{aligned}$$

$$(4-8)$$

在上述空间杜宾模型的基础上，需要计算 LR 或 Wald 检验统计量，以判断空间滞后和空间误差模型能否更合理拟合样本特征，表 4-3 的 A 部分列出了四种矩阵下空间杜宾模型的系数估计结果，B 部分是 WALD 和 LR 检验结果，运算软件为 Matlab7.0 及相应空间软件包。

4.3.1 回归结果及讨论

空间杜宾模型估计结果显示，除环境治理投资的空间溢出效应系数 θ_6 外，其他系数均通过显著性检验。实证检验的系数估计结果表明，城市化进程不仅导致本地雾霾污染，也对邻近地区产生溢出效应，各指标具体分析如下。

（一）雾霾污染的空间关联

从雾霾污染的空间扩散上看，空间滞后系数 δ 在四种空间权重矩阵设定下均显著为正，再次说明，东北地区间雾霾污染存在空间集聚特征和空间溢出效应。在大气环流和社会经济因素的双重驱动下，雾霾大面积扩散的成片污染区域出现。雾霾污染跨地区扩散的现象表明仅局限于以行政区划的范围治理本地雾霾污染的措施难以持续，开展各地区之间联防联控才是治霾的有效手段。

（二）雾霾污染的控制因素

城市人口比重 β_1 对雾霾污染具有显著的抑制作用，表 4-3 结果显示，城市人口比重系数在四种权重矩阵下均显著为负。大量的人口集中在有限的城市空间范围内，产生规模效应和集聚效应，前者加剧雾霾污染，后者作用相反。规模效应下，劳动力持续不断的供给会促进当地工业规模的扩大，导致工业化石燃烧量的增加；而且人口增加带来的交通拥堵不利于机动车燃料的充分燃烧，诱发雾霾产生。集聚效应下，城市人口密度的增加使具备专业技能和熟练工作经验的劳动力数量增长，提高当地技术水平和节能环保设施利用效率，此途径缓解雾霾污染。经验数据表明，城市人口增长的正向作用使城市化对雾霾污染的负效应在一定程度上得以减轻。因此，推进城市化的进程中，应充分发挥集聚效应对雾霾污染的抑制作用，有效控制规模效应以减少对雾霾的负向影响。

表 4 - 3　　　四种矩阵下空间杜宾模型（SDM）估计结果

A：模型估计结果

变量名称	权重矩阵 W_1	权重矩阵 W_2	权重矩阵 W_3	权重矩阵 W_4
δ	0.420 ***	0.313 ***	0.304 ***	0.409 ***
β_1	- 0.050 ***	- 0.096 ***	- 0.016 ***	- 0.027 ***
β_2	0.257 ***	0.392 ***	0.959 ***	0.675 ***
β_3	0.159 *	0.402 **	0.183 **	0.024 *
β_4	0.205 ***	0.294 ***	0.698 ***	0.141 ***
β_5	0.054 ***	0.086 **	0.094 ***	0.045 ***
β_6	- 0.034 **	- 0.059 *	- 0.074 *	- 0.081 *
β_7	- 0.845 ***	- 0.210 ***	- 0.431 ***	- 0.706 ***
β_8	- 0.235 *	- 0.814 *	- 0.381 *	- 0.784 ***
θ_1	- 0.072 ***	- 0.039	- 0.018 **	- 0.677 *
θ_2	0.114 **	0.615 **	0.736 ***	0.382 *
θ_3	0.161 **	0.196 *	0.275 *	0.258 **
θ_4	0.368 ***	0.930 **	0.647 **	0.912 ***
θ_5	0.602 ***	0.780 ***	- 0.906 **	0.840 ***
θ_6	- 0.122	- 0.138	- 0.419 *	- 0.136
θ_7	- 0.270 ***	- 0.192 ***	0.190 **	- 0.274 ***
θ_8	0.257 *	0.184 **	0.353 ***	0.407 ***

B：各模型空间交互影响的检验结果

Wald 内生变量空间滞后统计量	421.075 ***	122.686 ***	41.423 ***	134.143 ***

B：各模型空间交互影响的检验结果

变量名称	权重矩阵 W_1	权重矩阵 W_2	权重矩阵 W_3	权重矩阵 W_4
Wald 误差项空间滞后统计量	402.115 ***	162.114 ***	57.071 ***	178.932 ***
LR 内生变量空间滞后统计量	267.281 **	95.140 ***	52.318 ***	100.059 ***
LR 误差项空间滞后统计量	412.291 ***	277.754 **	64.932 **	33.015 ***

注：***、**、* 分别表示在1%、5%和10%显著性水平上显著。
资料来源：笔者根据4.2.3部分数据来源应用 Matlab 软件计算整理而得。

环境治理投资系数 β_6 起到控制雾霾污染的作用，但治理的影响程度较小。由表4－3可得，在四种权重矩阵下，环境治理投资额每增加 1%，雾霾污染回落 0.034%、0.059%、0.074% 和 0.081%。东北地区以政府补助为主的环境治理投资效率较低，治霾效果甚微。

植被覆盖 β_7 有利于抑制雾霾污染。绿地作为生态系统的主体，在防霾治污方面有其独特不可替代的作用。城市绿地中的植被对烟尘和粉尘有阻挡、过滤和吸附作用。

（三）雾霾污染的促增因素

城市产业比重 β_2 在四种权重矩阵的设定下表现出促增效应且通过显著性检验，从数值上看其影响力超过其他任何因素，成为主要雾霾污染源。作为我国老工业基地，工业结构以高排放、高能耗的重工业为主，煤炭消费占能源消费总量的比重较高，火电厂、化工厂、钢铁厂等主要以消耗不可再生资源方式提高产能。在重型工业结构和煤炭能源消费结构的双重驱动下，雾霾污染日益加剧，污染范围呈现逐年扩大趋势。

建成区面积 β_3 增加是雾霾污染的驱动因素。一方面，城市规模的扩大会拉动城市居民对私人汽车的需求，使汽车尾气排放量增加；另一方面，开发商占用城市周围耕地，拆迁时搬运建筑垃圾、施工过程都会造成粉尘污染。随着城市化进程的迅速推进，城市蔓延的现象日趋严重。理论上，城市用地规模应当与人口规模相协调，但东北人口增长速度远低于城市扩张速度，地方政府出于财政追求，缺乏对土地利用指标的控制，导致城市用地粗放扩张现象严重。

各地区供热总量 β_6 是雾霾污染的重要驱动因素。据黑龙江、吉林、辽宁、内蒙古四省区环保厅统计，区域内半数火电厂和锅炉房未实现清洁生产和高效集中供热，2015 年冬季供暖期的雾霾天数占全年雾霾天数的比重高达 85%。冬季以燃煤取暖为主，能源结构单一，煤炭燃烧过程中产生大量的雾霾污染。气温低、风力小导致的大气逆温使得雾霾污染不易扩散，冬季供暖期间雾霾污染尤为严重。

以夜间稳定灯光数据强度 β_5 作为经济增长的替代变量，分析显示各地的雾霾污染与经济增长呈现正相关关系。东北地区经济增长以高污染、高排放、生产方式粗放、产品附加值较低的重工业为主，地方政府以经济增长为硬指标、环境保护为软参考的政绩考核模式都是这一关系的成因。

汽车尾气排放量 β_8 是雾霾污染的重要驱动因素。伴随城市化过程的推进，居民私家车保有量连年增长，加之货运的大量需求，汽车尾气引致的交通污染成为雾霾污染的重要诱因。汽车尾气中含有大量的有机烃、氮氧化物和黑碳，这三类有毒物质构成了雾霾的重要组成部分。

4.3.2　直接效应和间接效应

勒萨热和佩斯（LeSage and Pace，2009）以偏微分方法解释空间溢出效应。本地的雾霾污染不仅受到本地各因素的影响，同时还与其他地区产生空间关联。本书在四种空间权重矩阵设定下，将城市化过程中各因素对雾霾污染产生的直接影响和空间溢出效应分解出来。结果如下：

由表4-4可得，所有因素在四种权重矩阵下同一因素的影响方向一致，环境治理投资额不存在空间溢出效应，以邻接矩阵 W_1 为例进行讨论：

城市人口比重的增加能够有效缓解本地和邻近地区的雾霾污染。一方面，城市化过程中城市人口比重增加提高了节能环保设施的利用效率；另一方面，相对落后地区的人口向发达地区迁移能够降低当地的生活和工业大气污染，此效应使直接效应数值小于间接效应。城市产业比重的增加对本地雾霾污染的直接影响为正，周边地区的溢出效应为负，且溢出效应小于直接效应，表明与全国发达城市群向周边地区转移落后产能相比，东北产业转移较少，作为大城市重要经济来源但污染严重的重工业企业依然留在原地。城市供暖的直接效应和空间溢出效应均为正，表明冬季供暖具有刚性需求，供暖不仅使本地区雾霾污染加剧，大气环流也会引发周围地区的空气污染。经济增长对本地区和周围地区雾霾污染的直接影响和溢出效应均为正值，哈大铁路沿线、哈大齐工业区、长吉图、辽中南城市群是国家战略开发的主体区域，区域经济一体化程度增强使雾霾污染整体加剧。植被对本地和邻近地区雾霾污染具有抑制作用；汽车尾气的增加会加剧本地和邻近地区的雾霾污染。

上述经济学模型的实证结果不仅探讨东北地区城市化过程中雾

表 4 - 4　　　　　四种矩阵设定下城市化各外生变量对雾霾影响的分解结果

变量		lnurb	lnind	lncon	lnarea	lnheat	lnlight	lnenv	lnndvi	lnear
W_1	直接影响	-0.071 ***	0.257 ***	0.091 ***	0.098 *	0.044 ***	-0.008 **	-0.031 ***	-0.043 *	0.026 ***
	溢出效应	-0.338 ***	-0.023 **	0.070 *	0.014 **	0.759 ***	-0.021 *	-0.136 **	-0.015 *	0.041 ***
	总影响	-0.409 ***	0.234 ***	0.161 ***	0.112 *	0.803 ***	-0.029 *	-0.167 ***	-0.058 *	0.035 ***
W_2	直接影响	-0.132 ***	0.148 ***	0.096 ***	0.023 **	0.091 ***	-0.050 *	-0.016 **	-0.023 *	0.097 ***
	溢出效应	-0.180	-0.201 **	-0.125	0.053 *	0.317 ***	-0.139 ***	-0.874 ***	-0.083 **	0.048 **
	总影响	-0.312 *	-0.053 ***	0.029 *	0.076 **	0.408 ***	-0.189 **	-0.89 *	-0.106 *	0.145 ***
W_3	直接影响	-0.212 ***	0.063 ***	0.027 ***	0.018 **	0.197 ***	-0.033 *	-0.012 ***	-0.028 **	0.773 ***
	溢出效应	-0.448 **	-0.508 ***	0.061 ***	0.225 *	-0.261 ***	-0.040 ***	0.502 *	-0.074 ***	0.021 **
	总影响	-0.66 ***	-0.445 ***	0.088 ***	0.243 **	0.064 ***	-0.073 *	0.507 **	-0.081 *	0.794 ***
W_4	直接影响	-0.087 ***	0.508 ***	0.031 ***	0.059 *	0.276 ***	-0.036 *	0.49 ***	-0.102 *	0.184 ***
	溢出效应	-0.209 *	-0.038 *	0.174	0.074 **	0.922 ***	-0.066 **	-0.960 ***	-0.034 **	0.266 ***
	总影响	-0.296 ***	0.47 **	0.205	0.133 **	1.198 ***	-0.102 **	-1.537 ***	-0.248 **	0.45 ***

资料来源：笔者根据 4.2.3 部分数据来源应用 MatLab 软件计算整理而得。

霾污染发生的根源，也为治理雾霾污染提供重要的政策启示。至此本书得出两点结论：①城市化进程是一把双刃剑，对东北地区节能减排、遏制雾霾污染的积极和消极影响并存；②城市化进程中的各因素对本地雾霾污染产生显著影响，并存在空间溢出效应。

4.4
城市化对雾霾污染影响的门槛效应

4.4.1 估计方法与检验

依照发达国家经验，城市化过程大致是一条拉平的"S"曲线，城市人口比重、产业状况及就业机会在不同阶段存在差异，与大气污染的作用规律必然呈现阶段差异性。探寻城市化参数达到一定数值后，雾霾污染可能转向其他发展状态，找到发生某种原因的临界值，在此基础上可以通过进一步检验，判断是否存在多个门槛变量，构建关键变量的分段函数。

借鉴 Hansen 非动态面板门槛回归模型思路，假设存在"单门槛效应"，在模型（4-8）基础上构建单门槛模型：

$$\ln\mathrm{PM2.5}_{it} = \alpha + \beta_{11}\ln\mathrm{urb}_{it}(\ln\mathrm{urb}_{it} \leqslant \eta) + \beta_{12}\ln\mathrm{urb}_{it}(\ln\mathrm{urb}_{it} > \eta)$$
$$+ \beta_2\ln\mathrm{ind}_{it} + \beta_3\ln\mathrm{con}_{it} + \beta_4\ln\mathrm{area}_{it} + \beta_5\ln\mathrm{heat}_{it} + \beta_6\ln\mathrm{light}_{it}$$
$$+ \beta_7\ln\mathrm{env}_{it} + \beta_8\ln\mathrm{ndvi}_{it} + \beta_9\ln\mathrm{car}_{it} + \varepsilon_{it} \qquad (4-9)$$

$$\ln\mathrm{PM2.5}_{it} = \alpha + \beta_1\ln\mathrm{urb}_{it} + \beta_{21}\ln\mathrm{ind}_{it}(\mathrm{ind}_{it} \leqslant \eta)$$
$$+ \beta_{22}\ln\mathrm{ind}_{it}(\ln\mathrm{ind}_{it} > \eta) + \beta_3\ln\mathrm{con}_{it} + \beta_4\ln\mathrm{area}_{it}$$
$$+ \beta_5\ln\mathrm{heat}_{it} + \beta_6\ln\mathrm{light}_{it} + \beta_7\ln\mathrm{env}_{it} + \beta_8\ln\mathrm{ndvi}_{it}$$
$$+ \beta_9\ln\mathrm{car}_{it} + \varepsilon_{it} \qquad (4-10)$$

$$\ln\text{PM2.5}_{it} = \alpha + \beta_1 \ln\text{urb}_{it} + \beta_2 \ln\text{ind} + \beta_3 \ln\text{con}_{it}$$
$$+ \beta_{41} \ln\text{area}_{it}(\ln\text{area}_{it} \leqslant \eta) + \beta_{42} \ln\text{area}_{it}(\ln\text{area}_{it} > \eta)$$
$$+ \beta_5 \ln\text{heat}_{it} + \beta_6 \ln\text{light}_{it} + \beta_7 \ln\text{env}_{it} + \beta_8 \ln\text{ndvi}_{it}$$
$$+ \beta_9 \ln\text{car}_{it} + \varepsilon_{it} \tag{4-11}$$

其中，三类城市化指标为门槛变量，η 为待估算门槛值，以上为假设仅存在"单门槛效应"模型构建，但实际应用中，可能存在多个门槛值。现列举"双门槛效应"模型进行说明，"多门槛效应"模型构建时可以此类推：

$$\ln\text{PM2.5}_{it} = \alpha + \beta_{11} \ln\text{urb}_{it}(\ln\text{urb}_{it} \leqslant \eta_1) + \beta_{12} \ln\text{urb}_{it}(\eta_1 < \ln\text{urb}_{it} \leqslant \eta_2)$$
$$+ \beta_{13} \ln\text{urb}_{it}(\ln\text{urb}_{it} > \eta_2) + \beta_2 \ln\text{ind}_{it} + \beta_3 \ln\text{area}_{it}$$
$$+ \beta_4 \ln\text{heat}_{it} + \beta_5 \ln\text{light}_{it} + \beta_6 \ln\text{env}_{it} + \beta_7 \ln\text{ndvi}_{it}$$
$$+ \beta_8 \ln\text{car}_{it} + \varepsilon_{it} \tag{4-12}$$

$$\ln\text{PM2.5}_{it} = \alpha + \beta_1 \ln\text{urb}_{it} + \beta_2 \ln\text{ind}_{it}(\text{ind}_{it} \leqslant \eta_1)$$
$$+ \beta_{22} \ln\text{ind}_{it}(\eta_1 < \ln\text{ind}_{it} \leqslant \eta_2) + \beta_{23} \ln\text{ind}_{it}(\ln\text{ind}_{it} > \eta_2)$$
$$+ \beta_3 \ln\text{area}_{it} + \beta_4 \ln\text{heat}_{it} + \beta_5 \ln\text{light}_{it} + \beta_6 \ln\text{env}_{it}$$
$$+ \beta_7 \ln\text{ndvi}_{it} + \beta_8 \ln\text{car}_{it} + \varepsilon_{it} \tag{4-13}$$

$$\ln\text{PM2.5}_{it} = \alpha + \beta_1 \ln\text{urb}_{it} + \beta_2 \ln\text{ind}_{it} + \beta_{31} \ln\text{area}_{it}(\ln\text{area}_{it} \leqslant \eta_1)$$
$$+ \beta_{32} \ln\text{area}_{it}(\eta_1 < \ln\text{area}_{it} \leqslant \eta_2) + \beta_{32} \ln\text{area}_{it}(\ln\text{area}_{it} > \eta_2)$$
$$+ \beta_4 \ln\text{heat}_{it} + \beta_5 \ln\text{light}_{it} + \beta_6 \ln\text{env}_{it} + \beta_7 \ln\text{ndvi}_{it}$$
$$+ \beta_8 \ln\text{car}_{it} + \varepsilon_{it} \tag{4-14}$$

本书利用 Stata 软件对门槛模型进行估计和检验。以城市化水平作为门槛变量建立门槛回归模型，为确定门槛的个数，分别在单门槛、双门槛和三门槛假设下分析城市化水平的门槛效应。表 4 - 5、表 4 - 6 为城市化水平门槛的显著性检验、门槛估计值及其置信区间，可以看出，三类城市化指标在 10% 的显著性水平上三门槛检验均不显著，人口城市化在 5% 的显著性水平上通过双门槛检验，产业城市化和土地城市化未通过双门槛检验。因此，我们将讨论人口城市化水平与雾霾之间的双门槛效应、产业城市化水平与雾霾之间的单门槛效应以及土地城市化水平与雾霾之间的单门槛效应。

表 4 – 5　城市化对雾霾污染影响的门槛效应显著性检验结果

门槛变量	模型	F 值	P 值	BS 次数	不同显著性水平临界值		
					99%	95%	90%
人口城市化	单一门槛	28.451***	0.000	400	13.549	11.461	9.424
	双重门槛	11.890***	0.041	400	7.315	6.928	4.559
	三重门槛	2.669	0.113	400	18.336	16.254	10.521
产业城市化	单一门槛	31.943***	0.004	400	9.030	7.615	4.882
	双重门槛	28.071	0.116	400	7.78	6.227	2.638
	三重门槛	23.412	0.193	400	12.045	9.139	8.733
土地城市化	单一门槛	27.511***	0.001	400	59.862	23.062	17.493
	双重门槛	24.811**	0.164	400	42.945	39.681	24.131
	三重门槛	7.375	0.251	400	33.191	26.385	16.352

注：***、**分别表示在1%、5%显著性水平上显著；P值和临界值是由采用Bootstrap法反复抽样400次得到。

资料来源：笔者根据4.2.3部分数据来源应用Stata软件计算整理而得。

表 4 – 6　　　　　　　门槛估计值与置信区间

门槛变量	模型	门槛值	95% 置信区间
人口城市化	双重门槛	3.261	[3.261, 3.329]
		4.060	[3.963, 4.027]
产业城市化	单一门槛	4.483	[4.239, 4.427]
土地城市化	单一门槛	4.858	[3.643, 3.912]

资料来源：笔者根据4.2.3部分数据来源应用Stata软件计算整理而得。

4.4.2　实证结果分析

确定了门槛值后，对门槛回归模型进行参数估计结果见表 4 - 7。

表 4 - 7　　　城市化对雾霾污染影响的面板门槛模型估计结果

变量	人口城市化 （1）	产业城市化 （2）	土地城市化 （3）
urb	1. 118 *** （ $urb_{it} \leqslant 3.261$ ）		
	- 0. 488 *** （ $3.261 < urb_{it} \leqslant 4.060$ ）		
	- 0. 969 ** （ $urb_{it} > 4.06$ ）		
ind		0. 384 （ $ind_{it} \leqslant 4.48$ ）	
		0. 930 （ $ind_{it} > 4.48$ ）	
area			0. 015 （ $area_{it} \leqslant 4.858$ ）
			0. 201 （ $area_{it} > 4.858$ ）

注：***、** 分别表示在 1%、5% 显著性水平上显著，按照研究主次，其他控制变量结果未报告。

资料来源：笔者根据 4.2.3 部分数据来源应用 Stata 软件计算整理而得。

与空间杜宾模型结果分析一致，人口城市化进程有利于抑制雾霾污染，经历了倒"U"型阶段性特征：当人口城市化水平 urb 低于第一阶段 3.261 时，城市人口增长对雾霾污染程度的影响有正向作用，影响系数为 1.118；当跨越第一门槛值后，城市化发展对雾霾的影响转变为负向作用，影响系数为 -0.488，即此时的城市化发展有利于减轻雾霾污染；当跨越第二门槛时，城市人口对雾霾的抑制作用降为 -0.969。可能的原因是，经济发展初期，城市化发展水平较低，需要大量的外来人口涌入作为储备劳动力资源进行生产，由此产生了巨大的环境破坏；当城市人口超过第一门槛值时，城市开始注重绿色发展，环境的破坏程度开始减弱；当城市人口比重跨越第二门槛、经济发展到一定程度时，城市建设更加注重人与自然和谐统一，政府强行拆除或转移环境污染企业，由此雾霾程度也逐步下降。

城市产业增加值是雾霾污染的促增因素，呈现两阶段递增趋势。如上文所述，一方面，工业产业集聚扩大生产，消耗更多资源，排放的工业废气增多；另一方面，产业集聚使节能环保技术溢出，关联企业间的资源循环利用，从而减少污染物的排放。这两类不同方向的影响导致了产业集聚与雾霾污染之间复杂的关系，从数值上看，前者效应大于后者，呈现两阶段非线性促增影响。

建成区面积增加是城市化进程中的显著表现，东北地区城市扩张加重雾霾污染呈现两阶段的递增模式。希恩（Hien P D，2020）认为，城市扩张通常降低了人口居住和经济活动的密度，资源消耗增加。同时，城市扩张使得城市空间分散，通勤距离增加，汽车尾气中有害气体加重了雾霾污染。东北地区这两种雾霾污染的促增效应一直增长，呈现两阶段的递增模式。

4.5

本章小结

近年来，东北城市化进程发展迅速，为经济增长注入源源不断的动力。然而与城市化发展相伴的却是雾霾污染强度和范围的不断加剧，这与政府倡导的新型城市化理念背道而驰。为东北地区雾霾污染的政策选择提供更加科学合理的理论依据和数据支持，本书选取 2000 ~ 2017 年东北 41 个行政单元的面板数据，运用空间杜宾模型从直接效应和空间溢出的角度分析城市化对雾霾污染的影响。

本书的探索性空间数据分析表明，雾霾污染空间溢出效应明显，呈现高—高污染的集聚特征，雾霾污染集中于以四个副省级城市为中心的辐射周边工业城市延伸南北的区域，与《全国城镇体系规划》中"哈大铁路线""沈阳经济区""长吉图"和"哈大齐"范围大体重合，该区域的雾霾污染逐年加重；大连市逐渐退出了雾霾高污染集聚区；哈尔滨、大庆的下辖县近几年成为高污染聚集区。空间杜宾模型结果表明，东北城市化进程中，工业污染是造成大面积持续雾霾污染的最主要因素，城市建成区面积扩大是雾霾污染的重要成因，城市人口比重的增加有利于改善城市雾霾污染。冬季城市供暖、经济增长、汽车尾气排放量的增加共同加剧雾霾污染，尽管环境治理投资及植被覆盖指数对雾霾表现显著的控制效应，但其影响程度较小。因此，城市化进程中，雾霾污染的诱因没有得到抑制，治理措施的作用没有得到有效发挥，成为东北地区雾霾污染持续频发、愈演愈烈的根源。空间溢出效应的分解结果表明，城市人口比重、城市供暖、经济增长和汽车尾气排放的增加均对本地和邻近地区的影响为正；城市产业比重的溢出效应小于直接效应，且两种效应的影响相反，东北地区范围内重污染企业产业转移现象较少。

　　人口城市化进程有利于抑制雾霾污染，经历了倒"U"型阶段性特征，两阶段的门槛值分别为 3.261 和 4.06。城市产业增加值是雾霾污染的促增因素，呈现两阶段递增趋势。城市产值比重增加和土地城市化是雾霾污染的促增因素，呈现两阶段逐渐递增趋势，门槛值分别为 4.48 和 4.858。一方面，工业产业集聚扩大生产，消耗更多资源，排放的工业废气增多；另一方面，产业集聚使节能环保技术溢出，关联企业间的资源循环利用，从而减少污染物的排放。这两类不同方向的影响导致了产业集聚与雾霾污染之间复杂的关系，从数值上看，前者效应大于后者，呈现两阶段非线性促增影响。建成区面积增加是城市化进程中的显著表现，东北地区城市扩张加重雾霾污染呈现两阶段的递增模式。

第5章

环境污染影响城市化的
空间和门槛效应

　　由上文分析可知，已有大量文献关注城市化、社会经济系统对资源环境的影响，亦有少量文献研究资源环境对社会经济活动的支撑和限制作用。城市进入快速发展阶段后，产生了一系列资源环境问题，势必影响经济社会的可持续发展和人类生存环境。资源环境对城市化系统的反作用，是人类社会发展中普遍存在的现象，但学者鲜有讨论。从系统论角度看，城市化与资源环境相互作用是人地关系系统中非常重要的一环，二者通过不断的物质循环、能量流动和信息传递，形成一个相互影响、支撑和制约的复杂耦合巨系统（方创琳，2017）。城市的迅速发展改变原有下垫面状况，通过热传导改变城市的湿度和温度，从而改变城市范围内水热循环，改变城市区域资源环境。同时，城市资源环境质量影响城市人口集聚、资源开发和经济发展程度（Stanley A，2020）。

　　东北地区19世纪30年代建成完整的工业体系，现今发展为我国最重要的钢铁、化工、重型机械、汽车、造船、飞机、军工等重大工业项目生产基地，产生了众多资源型城市。然而，伴随着城市化和经济的迅速发展，以高污染、牺牲环境为代价的粗放型增长模式，制约了城市环境和经济协调发展，损害了农业和工业的综合生产能力。以大气污染为例，东北地区能源消费结构中，煤炭消费占比为67%，工业废气和冬季供暖产生的硫化物、粉尘在特定条件下发生二次反应，对人类健康、动植物生长造成严重伤害，降低城市宜居环境，制约大城市人口流动（Li Y，2019）。

本章遵循经济学规范研究范式，暂忽略交互影响的复杂性，在前两章阐述资源环境对城市支撑作用及城市化对环境影响后，分析资源环境对城市化的反作用，形成完整的两大系统间交互作用研究体系。本章就环境对城市化反作用第三阶段，综合运用空间杜宾模型和面板门槛模型，以东北地区各地级市大气污染对城市化进程反作用为案例展开研究，以期探索两大系统间跨区域和跨时间尺度交互影响的定量分析路径，结合现阶段国家推行的系列政策，从环境反作用于城市化进程角度提出相应的政策建议。

5.1

大气污染对城市化反馈作用机制

城市是各要素资源和经济活动聚集的中心。环境经济学和生态学中环境污染可看作生产产生的代价，具有负外部性，给企业和居民带来效用损失。空间经济学从规模收益递增假设出发，认为规模经济是产业集中和集聚优势的必要条件，离心力和向心力是决定当地经济结构和企业分布的两种作用相反的基本动力。先进入集聚地点的企业扩大生产形成内部规模经济，给后迁入企业提供基础设施、中间产品、专业技术、原材料供应渠道等正外部效益，吸引前后向产业集聚，形成核心区域。产业集群的不断强化和产业聚集区的扩张，高密度消耗能源与原材料，环境污染作为附加产出也随之增多，对经济发展产生制约，环境污染成为经济集聚和人口迁出的离散力之一，具体表现为：当工业集聚引发的大气污染影响范围扩大、危害较严重时，人口和经济活动向外扩散；同时，经济活动大量集中在有限空间，当土地租金、通勤时间等拥挤成本升高时，有限的企业利润下，第二产业和服务业工人待遇降低，人口流出集聚地（张可，2016）。

集聚企业在政府和公众压力下，需保证经济效益、环境效益和社会效益的统一。因此，在权衡生产成本、能源价格、市场和交通等因素后，企业重新评估选址，从而影响地区产业活动的空间分布。高污染、高能耗企业大多数位于产业链底端，附加值较低，选址在地租较高的中心城区成本较高，原有污染企业迁出、新污染企业选址别处，即引起经济活动在不同地区的疏密度发生改变。同时，由于污染对公众身心健康和地区投资环境造成负面影响，当地政府为限制企业排放，通常实行强制型或市场型环境规制，当规制成本较高时，一些污染型企业重新选址，寻找"污染天堂"，从而造成污染产业转移现象，引起企业和资本的空间迁移（于冠一，2019）。因此，城市资源环境的破坏会影响城市产业结构和城市人口集聚。

5.2

大气污染对城市化影响研究现状

大气污染对城市化的反馈机制具有滞后性和复杂性，更加难以预测。目前专门针对这一维度的研究成果并不太多，或许是未引起学者们的足够重视。虽然以往研究并未明确提出"大气污染对城市化影响"这一主题，但从新型城市化协调发展理念出发，大气污染对城市人口流动、企业集聚、居民健康和城市规模的影响也可视为对城市的反作用。

5.2.1 大气污染对城市经济影响

关于大气污染对城市经济总量影响，有学者发现中心城市的经济增长来源于自身资本、劳动力投入外，还源于邻近城市的大气污染红利（Shurui J，2019）；也有学者发现产业转移带来的雾霾污染反而增加了城市经济总量，提高了居民的幸福感；但幸福感会被雾霾损害身心健康的副作用抵消一部分（Yan Song，2019）。大气污染影响居民的幸福感，强制性治理措施出台提升了居民的生活品质（Yan Song，2019）。雾霾污染倒逼能源结构优化。一些研究初步估计环境污染对经济发展的影响，可能通过污染对劳动力供应或生产力的影响发挥作用。有研究得出，空气污染对劳动生产率存在显著影响。淮河以北供暖地区 TSP（总悬浮颗粒物）污染严重，与淮河以南地区相比，劳动力由于心肺死亡率较高，劳动力持续供给少于南方（Chen Y，2013）；城市劳动力供给与环境污染之间存在倒"U"形关系（Zhang Z，2018）。当污染水平较低时，尽管环境在恶化，但城市劳动力供给会增加；一旦达到污染水平的阈值，随着环境污染的不断加剧，劳动力供将会缩减。目前尚未发现城市空气污染对产业结构或产业集聚作用机制及影响程度的研究。

5.2.2 大气污染对人口流动影响

在人口城市化方面，相关研究主要集中在区域人口转移上，在面对雾霾污染时，社会经济地位较高的人因具备较强的风险规避能力，从而更有可能选择迁入至空气质量较好地区（Brulle and Pellow，2006）。席鹏辉和梁若冰（2015）选择商品房销售面积作为城市环境移民的代理变量，同样发现空气污染使当地人口迁出，且环境模范城市的移民效应具有时间滞后性。埃米尔·礼萨·哈瓦里安—加姆西尔（2019）研究发现伊朗胡塞斯坦省地区空气污染使当地工业萎缩，城市人口大规模流失。洪大用（2016）通过北京市居民对雾霾感知的调查数据分析得出，居民普遍感受到雾霾危害的严重性，但由于更多的工作机会及迁移成本，居民迁出意向不明显。迈尔斯（2016）估算世界范围内大气污染移民有 5000 万人，但研究结果备受争议。居民长期暴露于雾霾中损害身心健康，引起疾病从而减少城市人口数量（Zivin，2012）。孙中伟（2018）研究了雾霾诱发的逆城市化现象：地区层面，雾霾对我国南方地区和东部沿海省份流动人口的冲击较大；与省内流动者相比，跨省流动者的城市居留意愿受雾霾负面影响更大。此外，南方籍贯者对雾霾容忍度更低，其城市居留意愿受雾霾负面影响更大。韩立建（2014）发现中国 PM2.5 污染严重地区也是人口城市化较高地区。然而，虽有学者从人口迁移角度研究了大气污染对人口城市化的影响，但却未能基于这一视角来研究大气污染是否会引起城乡人口的二次转移和二次转移是否可能会改变城市化水平。

5.2.3　大气污染对城市空间形态影响

在空间城市化方面，目前尚未发现大气污染限制城市规模、建成区面积的研究，相近的研究主要从生态承载力角度研究最优和适度城市规模、大气污染对城市网络结构影响等。纪爱华（2014）研究了生态系统分析的城市最优规模思路，基于生态承载角度得出了青岛市最优和适度城市规模。张可（2016）研究了大气污染对城市结构的影响，发现二者存在显著的内生双向影响和空间交叉影响。

总体来看，空气污染对城市化影响研究较少，城市化与空气污染存在双向胁迫的交互耦合影响机理，学者们尚未关注到空气污染对城市化反馈作用。因此，无论是研究的广度和深度都有待加强，这将为空气污染约束下的新型城镇化建设起到重要参考价值。

5.3
阶段性影响门槛模型实证研究

5.3.1 实证模型设定

由于环境系统与城市化两大系统本身的复杂性和动态性，大气污染与城市化进程关系和内部的社会、经济、资源、环境、生态等不同维度之间都存在着相互作用与正负反馈机制（方创林，2016）。因此，环境系统承受大气污染能力存在一定的阈值，该阈值取决于本地的自然禀赋，也取决于人类作用的方向、规模、方式等。当大气污染程度未超出环境承载力时，城市集聚力占主导，吸引劳动要素及资本进入城市；当大气污染程度突破城市环境承载力时，会出现环境恶化、资源紧张、物价过高等大城市病"症状"，人居环境较差，劳动力、资本等要素迁出，城市化进程倒退。基于上文机制分析，在已有研究成果基础上，为防止递增型异方差，构建东北地区地级市层面双对数模型：

$$\ln urb_{it} = \alpha + \beta_1 \ln PM2.5_{it}(PM2.5_{it} \leqslant \eta) + \beta_2 \ln PM2.5_{it}(PM2.5_{it} > \eta)$$
$$+ \theta \ln X_{it} + \mu_i + \varepsilon_{it} \tag{5-1}$$

其中，urb_{it} 为城市化指标，包括人口城市化，产业城市化和土地城市化，$PM2.5_{it}$ 代表 i 城市 t 年 PM2.5 浓度值，为门槛变量，η 为门槛估计值。城市化及 PM2.5 指标选取及说明同第 4 章表 4-1，X_{it} 为控制变量。

5.3.2　控制变量选取与数据来源

城市化的主要动力是经济增长，体现在城市效率与城市竞争力上（王立鹤，2004）。一方面，城市具有明显的集聚效应，带来更高规模效益，创造更多就业机会，为农村劳动力向城市转移创造条件。大量农村劳动力迁入城市，从事非农产业，第二产业和服务业比重上升。另一方面，更多的经济要素集聚，工业用地、高密度住宅用地需求增加，促使城市建成区面积扩大。同第 4 章一致，考虑到统计指标先后不一致的问题，使用城市稳定灯光数据作为经济指标的代理变量，用对数形式 loglight 表示。依据已有文献论述，经济发展与城市化作用方向不确定，因此该指标预期符号不确定。

产业集聚是城市化的基础，城市化演进方式和用地类型扩张很大程度上取决于产业集聚（葛立成，2004）。产业集聚中，企业协同创新产生的正外部性，形成规模经济，促进城市化发展（Alfred M，1890）。米尔斯和汉密尔顿构建的城市形成模型中，将城市化形成与发展归因于产业的区位选择与集聚。选取区位熵测度城市产业集聚，该方法简便易行，可在一定程度上反映出地区层面的产业集聚水平。计算公式为：

$$E_{ij} = \frac{q_i}{\sum\limits_{i=1}^{n} q_i} \bigg/ \frac{Q_i}{\sum\limits_{i=1}^{n} Q_i} \qquad (5-2)$$

其中，E_{ij} 表示 i 产业在东北地区的区位熵，反映 i 部门的专业化程度，q_i 为 i 产业在某地级市的相关指标，Q_i 为东北地区 i 产业的相关指标。采用第二、第三产业就业人数作为代理变量，以对数形式 $\ln E_{ij}$ 表示，预期符号为正。就业人口数来源于《黑龙江统计年鉴》《吉林统计年鉴》《辽宁统计年鉴》《内蒙古统计年鉴》和

《中国城市统计年鉴》。

本章选取的研究样本同第 4 章，2000～2017 年东北地区 41 个地级市面板数据，样本容量为 738。

5.3.3 "门槛条件"检验

本章采用汉森（Hansen）提出的非动态面板门槛模型先估计门槛值，再对门槛值准确性与内生性进行显著性检验，以下实证检验和门槛回归结果均采用 Stata 软件实现。雾霾污染对四类城市化进程的影响，表 5-1 报告了汉森（Hansen）检验中的 F 统计量和 LR 统计量，由 F 值可知，单一门槛检验在 1% 显著性水平下拒绝了线性模型的原假设；双重门槛在至少 5% 显著性水平下又拒绝了单一门槛模型的原假设，但多重门槛检验却无法有效拒绝双重门槛的原假设，说明 PM2.5 污染对三类城市化影响模型最优门槛数均为 2。与此同时，在 95% 的置信区间内，本书通过检验也获得了 PM2.5 污染影响人口城市化门槛值为 37.467 和 42.331，影响产业城市化的门槛值为 40.125 和 51.116，影响土地城市化的门槛值为 39.069 和 53.041。由此，可将样本在对城市化进程按影响程度划分为雾霾污染产生初期，雾霾排放中期和高排放期三个阶段样本。

表 5-1　　　　　　　　雾霾污染的门槛效应检验结果

城市化	假设检验	F 值	P 值	1%	5%	10%	门槛值	95% 置信区间
urb	H0：线性模型	30.827 ***	0.000	39.819	26.795	18.040	42.331	[41.429, 42.896]
	H1：单一门槛							
	H0：单一门槛	20.664 ***	0.000	28.742	23.950	11.573	37.467	[36.841, 37.713]
	H1：双重门槛						42.331	

续表

城市化	假设检验	F 值	P 值	1%	5%	10%	门槛值	95% 置信区间
urb	H0：双重门槛	1.435	0.194	34.844	24.384	13.175	—	—
	H1：多重门槛							
ind	H0：线性模型	29.166 ***	0.000	40.193	38.546	27.190	51.116	[50.236, 51.628]
	H1：单一门槛							
	H0：单一门槛	22.231 ***	0.003	28.985	22.373	15.411	40.125	[40.115, 41.329]
	H1：双重门槛						51.116	
	H0：双重门槛	0.428	0.105	37.819	27.681	19.337	—	—
	H1：多重门槛							
area	H0：线性模型	37.575 ***	0.000	7.238	4.106	3.922	53.041	[52.851, 53.904]
	H1：单一门槛							
	H0：单一门槛	21.191 **	0.048	6.897	3.810	2.643	39.069	[39.248, 40.051]
	H1：双重门槛						53.041	
	H0：双重门槛	6.638	0.524	6.340	3.744	2.071		
	H1：多重门槛							

注：***、** 分别表示在 1%、5% 显著性水平上显著。

资料来源：笔者根据 4.2.3 部分数据来源应用 Stata 软件计算整理而得。

在门槛效应检验结果基础上，建立基于雾霾污染对城市化进程影响的"双重门槛"面板模型如下：

PM2.5 对人口城市化影响双门槛面板模型：

$$lnurb_{it} = \alpha + \beta_1 lnPM2.5_{it}(PM2.5_{it} \leq 37.467)$$
$$+ \beta_2 lnPM2.5_{it}(37.467 < PM2.5_{it} \leq 42.331)$$
$$+ \beta_3 lnPM2.5_{it}(PM2.5_{it} > 42.331) + \theta_1 lnlight_{it} + \theta_2 lnE_{it} + \varepsilon_{it}$$

$$(5-3)$$

PM2.5 对产业城市化影响双门槛面板模型：

$$\ln ind_{it} = \alpha + \beta_1 \ln PM2.5_{it}(PM2.5_{it} \leqslant 40.125)$$
$$+ \beta_2 \ln PM2.5_{it}(40.125 < PM2.5_{it} \leqslant 51.116)$$
$$+ \beta_3 \ln PM2.5_{it}(PM2.5_{it} > 51.116) + \theta_1 \ln light_{it} + \theta_2 \ln E_{it} + \varepsilon_{it}$$
$$(5-4)$$

PM2.5 对土地城市化影响双门槛面板模型：

$$\ln area_{it} = \alpha + \beta_1 \ln PM2.5_{it}(PM2.5_{it} \leqslant 37.467)$$
$$+ \beta_2 \ln PM2.5_{it}(37.467 < PM2.5_{it} \leqslant 42.331)$$
$$+ \beta_3 \ln PM2.5_{it}(PM2.5_{it} > 42.331) + \theta_1 \ln light_{it} + \theta_2 \ln E_{it} + \varepsilon_{it}$$
$$(5-5)$$

5.3.4 实证结果及分析

在获得门槛值后，本书通过对双门槛模型（5-3）、模型（5-4）和模型（5-5）进行参数估计以检验雾霾污染各阶段对城市化进程影响的异质性，结果见表5-2。

表5-2 雾霾污染对城市化影响双门槛模型估计结果

变量	人口城市化	产业城市化	土地城市化
$\ln PM2.5_{it}$	0.683 *** $PM2.5_{it} \leqslant 37.467$	0.734 *** $PM2.5_{it} \leqslant 40.125$	-0.019 *** $PM2.5_{it} \leqslant 37.467$
	-0.053 * $37.467 < PM2.5_{it} \leqslant 42.331$	0.062 * $40.125 < PM2.5_{it} \leqslant 51.116$	-0.128 *** $37.467 < PM2.5_{it} \leqslant 42.331$
	-0.394 ** $PM2.5_{it} > 42.331$	-0.003 $PM2.5_{it} > 51.116$	-0.058 * $PM2.5_{it} > 42.331$
$\ln light_{it}$	-0.609 ***	-0.105 **	-0.180 ***
$\ln E_{it}$	-0.015	0.007	0.036
R^2	0.149	0.226	0.284

注： *** 、 ** 和 * 分别表示在1%、5%和10%显著性水平上显著。

资料来源：笔者根据4.2.3部分数据来源应用 Stata 软件计算整理而得。

表 5 - 2 中，经济增长（lnlight_{it}）影响系数为负，当雾霾污染增加 1% 时，在人口、城市产业和土地城市化影响模型中经济指标分别下降 0.609%、0.105% 和 0.18%。东北地区与我国整体规律一致，大气污染损失占我国整体环境污染损失比重较大；此外，雾霾污染与严重扭曲的经济结构和经济增长方式密切相关，企业的环境治理成本会消耗或占用本来用于进行经济生产的某些投入，在短期内造成经济产出的下降。

PM2.5 系数存在显著的区间差异，呈现阶段性特征：PM2.5 浓度小于 37.467μg/m³ 时，当 PM2.5 污染增加 1%，城市人口比重提高 0.683%，雾霾初期污染问题不突出，劳动力对污染带来的身心健康负效应关注较少，因收入差异自愿流入城市，产生集聚效应，此阶段并未对城市化产生负效应；当雾霾污染大于 37.467 小于 42.331μg/m³ 时，大致对应 2003～2011 年，东北地区城市人口比重开始呈下降趋势，但下降幅度有限，此时东北振兴战略实施取得阶段性成果，资源型城市经济转型试点稳步推进，基础设施不断完善，生态建设和环境保护取得积极成效，居民开始意识到空气污染的严峻性；当污染浓度高于 42.331μg/m³ 时，东北地区雾霾污染长期持续，大面积爆发，PM2.5 排放增加 1% 使城市人口比重下降幅度增加至 0.394%，随着公众对人居环境诉求增加，雾霾污染降低了人们在当地的居住意愿，城市人口比重下降应引起重视。

雾霾污染和产业城市化前两阶段一直为正向关系，第三阶段开始出现负数特征，但统计上不显著。东北地区一直依赖以资源型、国有经济为主体的重工业经济，重工业企业产能过剩。地方政府和污染企业明知雾霾给当地群众带来危害，依然借"招商引资"、发展当地经济为由，放松环境规制，扶持污染企业发展。当雾霾污染超过 51.116μg/m³ 时，污染较为严重，系数开始呈现负值，此阶段对应 2015 年后，重点地市启动重污染天气应急预案，加大对大气污染源的执法检查力度，强制重点企业停产限产，重污染企业产值下降。负值系数统计上不显著，表明东北地区污染企业产业转移现象并不明显。

雾霾污染限制了土地城市化，抑制建成区面积扩张，但约束作用有限，呈明显三阶段特征，可能与资源枯竭型城市收缩有关。雾霾污染通常与粗放的经济发展方式、畸高的煤炭消费比重、滞后的产业结构升级、低下的环境治理效率等因素密切相关（邵帅等，2016），而资源型城市以上特征尤为突出。根据《国家资源城市可持续发展规划（2013～2020 年）》，国务院发布了 19 个东北衰退型资源城市，占全国经济衰退资源城市比重最高。污染严重的城市收缩，人口流出严重，由于工厂、房屋和道路的非流动性特征，建成区面积增长停止或以较低速度增加（吴浩，2019）。雾霾污染对建成区面积扩大的抑制作用随排放量增加，呈现倒"U"形特征：初期依赖自然禀赋，资源型产业支撑当地经济社会发展，城市收缩现象不明显（系数为 -0.019）；中期资源枯竭，若城市未形成可持续发展的接续产业，则人口外流，市中心萧条，建成区面积无扩张必要（系数为 -0.128）；近年来，东北地区各级政府倾向于发展紧凑高效型城市，因地制宜发展特色产业，合理规划空间布局，城市收缩得以改善（系数为 -0.058）。如哈尔滨的"调整工业布局，改善人居环境"；《沈阳市城市总体规划（2011～2020 年）》中写明，城市建设用地控制在 720 平方千米以内，逐步把沈阳建设为和谐宜居、生态美好的城市；《大连市城市总体规划（2001～2020 年）》将市建设用地控制在 496 平方千米以内等。

5.4

基于空间视角雾霾污染对城市化反馈作用检验

5.4.1　空间杜宾模型回归结果及讨论

　　根据第 4 章探索性空间数据分析，城市化和雾霾污染在地理上存在集聚现象，因而将空间因素纳入雾霾污染对城市化进程影响分析中是有必要的。本书研究范式遵循第 4 章，建立雾霾污染对人口城市化，产业城市化和土地城市化的影响，判断雾霾污染对城市化反作用的空间规律。设定如下形式的空间杜宾模型：

$$\text{lnurb}_{it} = \alpha + \rho W_{it}\text{lnurb}_{it} + \beta_1 \text{lnPM2.5}_{it} + \theta_1 W_{it}\text{lnPM2.5}_{it} + \beta_2 \text{lnlight}_{it}$$
$$+ \theta_2 W_{it}\text{lnlight}_{it} + \beta_3 \text{lnE}_{it} + \theta_3 W_{it}\text{lnE}_{it} + \mu_i + \varepsilon_{it} \qquad (5-6)$$

$$\text{lnind}_{it} = \alpha + \rho W_{it}\text{lnind}_{it} + \beta_1 \text{lnPM2.5}_{it} + \theta_1 W_{it}\text{lnPM2.5}_{it} + \beta_2 \text{lnlight}_{it}$$
$$+ \theta_2 W_{it}\text{lnlight}_{it} + \beta_3 \text{lnE}_{it} + \theta_3 W_{it}\text{lnE}_{it} + \mu_i + \varepsilon_{it} \qquad (5-7)$$

$$\text{lnarea}_{it} = \alpha + \rho W_{it}\text{lnarea}_{it} + \beta_1 \text{lnPM2.5}_{it} + \theta_1 W_{it}\text{lnPM2.5}_{it} + \beta_2 \text{lnlight}_{it}$$
$$+ \theta_2 W_{it}\text{lnlight}_{it} + \beta_3 \text{lnE}_{it} + \theta_3 W_{it}\text{lnE}_{it} + \mu_i + \varepsilon_{it} \qquad (5-8)$$

　　W_{it} 选用基于行政边界临接的空间权重矩阵，对方程（5-6）、方程（5-7）和方程（5-8）进行回归，估计结果如表 5-3 所示。

表 5-3　雾霾污染对城市化相关指标影响的空间
杜宾模型估计结果（双固定模型）

变量名称	城市人口比重	城市产业比重	建成区面积
ρ	0.001	0.095 **	0.000
β_1	− 0.041 ***	0.089 ***	− 0.027 ***

变量名称	城市人口比重	城市产业比重	建成区面积
θ_1	0.077 ***	0.020 ***	0.061 ***
β_2	0.051 ***	0.037 ***	0.028 ***
θ_2	0.015 ***	0.058 ***	0.012 ***
β_3	0.071 ***	0.056 ***	0.057 ***
θ_3	− 0.049 ***	− 0.075 ***	− 0.053 ***
R^2	0.271	0.482	0.381

注：***、**分别表示在1%、5%显著性水平上显著。
资料来源：笔者根据4.2.3部分数据来源应用Matlab软件计算整理而得。

　　回归结果显示，随着雾霾污染排放量的提高，除产业城市化外，人口、建筑和土地城市化指标空间滞后系数ρ均不显著，只有工业城市化存在较为明显的空间集聚特征。城市区域在资源共享、要素匹配等方面具有集聚优势，大城市由于较多的择业选择和资源从周边小城市吸引了大量劳动力、资本等要素，是区域经济增长极，大量经济社会活动急需扩张城市空间，城市建成区面积扩张。在大城市各项经济数据持续向好的同时，小城市却因就业机会较少，公共服务水平较低，面临人口流失的危机，因此，人口城市化系数不显著；由于人口流失和资本逐利性特征，小城市房地产市场刚性和投资需求较低；东北地区四个副省级城市 2000～2017 年建成区面积年增长率为 2.197%，而其他地级市仅为 0.336%，土地城市化无空间集聚特征。工业城市化空间滞后系数在5%的显著性水平上为正，呈现明显的空间集聚特征。东北地区城市化发展早，工业基础较好。根据联合国工业发展组织（UNDO）提出的产业结构相似系数方法测算，东北 41 个地级及以上城市产业结构系数均大于 0.9，产业结构存在高度相似性，地方政府在规划产业发展时存在相似的产业布局。因此，各地便于构建和延伸工业产业链，共享能源和原材料。后文对经济和控制变量进行讨论。

（1）除工业产值比重，雾霾污染与其他城市化指标呈现负相关关系，这与上文理论分析及分阶段实证分析结果一致。雾霾排放量每增加一个百分点，人口城市化下降 0.041%，雾霾污染影响居民出行，同时对身心健康带来危害，有迁移能力的人口转移至空气环境较好地区；工业和建筑业对大气污染影响程度高于服务业，工业污染源企业继续生产经营，持续排放有害气体，对于建筑业，雾霾天气能见度低，施工安全隐患大，同时房地产需求随人居环境质量下降而降低，雾霾使城市建筑业产值比重下降；雾霾排放量每增加一个百分点，按比重均摊，建成区面积减少 0.027%，2014 年《国家新型城镇化规划（2014～2020 年）》强化资源环境保护制度，优化城市空间结构和管理格局，建成区面积扩张不能解决城市可持续发展问题。

（2）β_2 系数均为正，经济发展指标每上升 1%，城市人口比重，城市产业产值比重和建成区面积分别增长 0.051%、0.037% 和 0.028%，表明经济发展推动城市化进程。产业集聚系数均为正，表明工业产业集聚提高城市化水平，产业集聚是城市化发展的重要动力，新经济地理理论认为产业集聚通过上下游产业的投入—产出，连接产生规模经济，有助于某产业与整个经济部门产生协同效应和累计因果关系，吸引大量资本、劳动力和土地等要素扩大生产，并驱动经济增长和城市化进程。

5.4.2 空间溢出效应及讨论

在不考虑空间因素的模型中，参数直接反映自变量对因变量的影响。当引入空间因素后，参数估计由于包含了大量关于区域间相互作用的信息而变得复杂。直接效应反映了自变量对本地的影响，间接效应反映了自变量对其他地区总的影响程度，总效应反映了自变量直接效应和间接效应之和。

利用 Matlab7.0 软件，根据上文提到的估计空间效应的方法得到空间溢出效应如表 5 - 4 所示。从直接效应的回归系数看与空间杜宾模型的解释变量回归系数是一致的；从间接效应的回归系数来看，雾霾及相关控制变量对邻近区域城市化具有显著的空间溢出效应。

表 5 - 4   空间溢出效应估计结果

变量		$lnPM2.5_{it}$	$lnlight_{it}$	lnE_{it}
人口城市化	直接效应	- 0.041 ***	0.051 ***	0.071 ***
	间接效应	0.015 ***	0.029 ***	- 0.023 ***
	总效应	- 0.026	0.080 ***	0.048 ***
工业城市化	直接效应	0.089 ***	0.037 ***	0.056 ***
	间接效应	0.008 *	0.004	- 0.024 **
	总效应	0.117 ***	0.041 **	0.032 **
土地城市化	直接效应	- 0.027 **	0.028 **	0.057 ***
	间接效应	0.011 *	0.017 *	- 0.000
	总效应	0.016 **	0.045 ***	0.057 ***

注：***、** 和 * 分别表示在 1%、5% 和 10% 显著性水平上显著。
资料来源：笔者根据 4.2.3 部分数据来源应用 Matlab 软件计算整理而得。

雾霾对邻近地区四类城市化指标均具有正向的空间溢出效应：雾霾每提高 1%，邻近地区城市人口比重提高 0.015%，邻近城市是雾霾城市人口迁徙的主要承载地，疏解大城市环境压力，雾霾污染在一定程度上促进了城市群的协调发展；雾霾每提高 1%，邻近地区城市产值比重增加 0.008%，表明东北地区污染性工业企业转移现象不明显；雾霾排放增加 1%，邻近地区建成区面积扩大 0.011%，城市用地结构要与区域产业结构、城市经济发展方向保持一致，由于同一区域的产业同质化现象明显，东北各地级市规划趋同，土地利用结构和方式较相似。

用城市夜间灯光数据表征的经济增长 1%，分别对邻近地区人口城市化、工业产值比重、建成区面积带来 0.029、0.004 和 0.017 百分点的间接溢出效应，哈大齐、长吉图、沈阳经济圈和辽宁沿海经济带空间组织紧凑、经济联系紧密，一体化的城市群体共同促进城市化水平的提升。

工业集聚每提高 1%，引起邻近地区人口城市化、工业产值比重和建成区面积平均下降 0.023%、0.024% 和 0.000%，再次表明，本地强大的集聚效应吸引大量要素涌入，在资源有限且需优化配置前提下，邻近地区人口流失，经济建设没有可支撑人口，经济指标下滑，工业和建筑业产值下降，从而限制了城市建设速度与土地开发强度。

5.5

本章小结

通过分析雾霾污染对城市化的影响机理，本章从阶段性和空间视角考察了二者的关系，克服以往研究遗漏空间或分阶段非线性效应，提高了估计的精准度，得出以下结论：

通过门槛面板模型得出，雾霾污染对人口、工业和土地城市化影响均呈现三阶段特征：城市人口比重下降，即污染对城市化的负效应在污染中期开始显现，污染严重阶段城市人口比重下降最为明显；由于东北地区产业结构特征，雾霾污染一直对工业城市化产生正向促进作用，第三阶段初见下降特征；雾霾污染对建筑业影响规律与工业占比类似，呈逐步下降趋势；雾霾污染限制了土地城市化，抑制建成区面积的扩张，但约束作用有限，可能与资源枯竭型城市收缩有关。

通过空间杜宾模型估计系数得出：①雾霾仅对工业城市化存在明显的空间集聚特征，对其他城市化指标的影响为负，表明雾霾污染一定程度上对城市化产生负向影响。②空间溢出效应看出，雾霾对邻近城市人口比重、城市产业比重和建成区面积增加均具有正向的空间溢出效应，雾霾污染在一定程度上促进了东北城市群协调发展；本地经济增长带动邻近地区城市化的推进，"虹吸效应"下邻近地区城市人口流失、产业萧条、城市建设乏力，城市化指标下滑。

第6章

资源环境与城市化交互
影响的阶段性

　　本书第3、第4和第5章城市化与资源环境系统交互作用的三个阶段是不可割裂的、相继发展的过程，本章整合以上章节结果，将资源门槛值代入第3章城市化率为自变量的非线性模型，再将计算出的城市化率区间代入第4章雾霾污染为自变量门槛方程模型中，最后将雾霾污染各个区间代入第5章的污染对城市化反作用方程，综合考虑我国东北地区各地级市资源消耗、城市化及雾霾污染的演化趋势和"拐点"的时间序列关联，按上述三个主要变量门槛值对应，构造资源供给到城市化、对大气污染影响再到资源环境对城市化反作用的完整过程，形成表6-1~表6-9所示的资源环境与城市化交互影响的框架，再根据九个表格中各阶段特点设计相应的资源供给城市化政策，以实现新常态背景下东北地区新型城市化建设的可持续发展目标。鉴于数据可得性，达尔豪斯大学大气成分分析机构公布的PM2.5年度卫星监测数据最早为2000年，本章计算结果及政策分析皆以2000年所处阶段为起点。

6.1

水资源与城市化相互作用

居民生活需要大量水源，PM2.5增长系数和对城市化反作用系数逐年降低，由第4、第5章可知：城市人口比重上升有利于缓解雾霾污染；东北城市人口出现流失的现象。整合水资源、雾霾污染和人口城市化各变量的发展特征，如表6-1所示，共划分为对应的五个阶段，具体为，水资源供给处于8.13亿~33.049亿立方米阶

表6-1 水资源和人口城市化率交互影响

资源门槛值（亿立方米）	人口城市化率（%）	大气污染（μg/m³）	反作用系数
8.13 < WATER < 33.049	40.1 < PUP < 59.55	48 < PUP < 57.97阶段，PM2.5增长系数为1.118%	48 < PUP < 55.42之间，此时，PM2.5 < 37.467，未出现负向影响，系数为0.683
			55.42 < PUP < 55.95，37.467 < PM2.5 < 42.321，负向影响程度较轻，系数为 -0.053
			55.95 < PUP < 57.97，PM2.5 > 42.321，负向影响加重，系数为 -0.394
		57.97 < PUP < 59.55，PM2.5增长系数为 -0.488%	PM2.5 > 42.321，出现负向影响，系数为 -0.394
WATER > 33.049	59.55 < PUP < 61.98	59.55 < PUP < 61.98，PM2.5增长系数为 -0.969%	PM2.5 > 42.321，出现负向影响，系数为 -0.394

资料来源：笔者根据4.2.3部分数据来源应用Stata软件计算整理而得。

段：当人口城市化水平在 48% ~55.42% 之间，雾霾污染程度较低，未对城市化产生负向现象；当城市化水平上升至 55.42% ~55.95% 时，此时由于雾霾污染加剧，已出现较为轻度的负向反作用；城市化率介于 55.95% ~ 57.97% 间时，雾霾污染上升至 32.263 ~ 42.321 μg/m³ 之间，出现较为严重的阻碍人口城市化现象；人口城市化介于 57.97% ~59.55% 之间时，雾霾污染下降，系数为负，出现较为严重的负向影响。水资源供给大于 33.049 立方米阶段，人口比重介于 59.55% ~61.98% 之间，雾霾污染逐年减少，城市人口比重下降。综上，第五阶段为最优发展区间，但要警惕城市人口流失的风险，充分发挥集聚效应和人力资本促进技术进步的作用。政策设计的原则是：水资源投入供应人口城市化的发展，同时尽量减少雾霾污染，因此，对于水资源、人口城市化、雾霾污染交互影响，政策的重点应当是增加水资源的供给，提高人口城市化水平。

城市工业活动和经营服务需消耗大量水源，PM2.5 系数伴随着城市产业占比增加呈现两阶段增长趋势，当污染达到一定程度，城市产业比重下降，出现负向反作用。如表 6 - 2 所示，整合各阶段水资源消耗状况、城市产业比重、PM2.5 浓度值，交互影响过程大致对应三个阶段，具体为：水资源供给处于 8.125 ~ 31 立方米阶段，城市产业比重对应 79.93% ~87.35% 区间，雾霾污染增长幅度较小，产业城市化影响系数仍为正；当水资源供给大于 31 亿立方米时，产业城市化指标介于 79.93% ~87.48% 之间，雾霾污染增长至 40.125 ~ 51.11 μg/m³ 区间时，城市产业比重仍处于增长趋势；当产业城市化水平增长至 87.48% ~88.98% 阶段时，雾霾污染升至 40.125 ~51.11 μg/m³，出现了产业城市化率下降的情况。政策设计的原则在于，工业活动用水和经营服务用水的消耗应控制在一定范围，降低城市产业比重尤其是重污染企业比重，转移或关闭重污染企业，抑制雾霾污染，警惕大气污染对城市化成果的负向影响。

表 6 − 2 水资源和产业城市化率交互影响

资源门槛值 （亿立方米）	产业城市 化率（%）	大气污染 （μg/m³）	反作用系数
8.125 < WATER < 31	79.93 < IND < 87.35	PM2.5 增长系 数为 0.384	产业城市化水平在 79.93 < PUP < 87.35， 即大气污染小于 40.125 时，未出现负向 影响，系数为 0.73
WATER > 31	87.35 < IND < 88.98	PM2.5 增长系 数为 0.93	产业城市化水平在 79.93 < PUP < 87.48， 对应大气污染介于 40.125 ~ 51.11 时，未 出现负向影响，系数为 0.062
			产业城市化水平在 87.48 < PUP < 88.98， 即大气污染介于 40.125 ~ 51.11 时，出现 负向影响，系数为 − 0.003，统计不显著

资料来源：笔者根据 4.2.3 部分数据来源应用 Stata 软件计算整理而得。

各类新建、扩建、改建城市工程项目需大量水源，水资源、土地城市化和雾霾污染交互影响规律大致表现为，随着水资源消耗的增加，城区面积不断扩张，相应雾霾污染增加，大气环境的恶化又限制了建成区面积的扩大。根据各主要变量非线性特征，对应表 6 − 3 三个阶段，具体为：水资源供给小于 25.21 亿立方米时，建成区面积介于 106.22 ~ 112.21 平方千米，PM2.5 增长幅度较小，污染浓度低于 37.464μg/m³，已出现轻微的负向反作用；水源消耗介于 25.21 亿 ~ 69.26 亿立方米阶段，建成区面积增长至 112.21 ~ 148.56 平方千米，由于城市面积扩建造成的雾霾污染在 37.464 ~ 42.33μg/m³ 区间，污染对土地城市化反作用系数较小，起到了轻微抑制城市扩张的作用；水源供给大于 69.26 亿立方米时，城市建成区面积增长至 148.56 ~ 164.32 平方千米之间，雾霾污染更加严重，对城区扩建起到了抑制作用。综上所述，基于水资源、PM2.5 的双门槛和建成区面积的单门槛效应以及各拐点的变化分析，环境治理角度政策重点应将水资源供给及城市建设控制在一定范围内，不宜盲目扩张城市建成区面积。

表6-3　　　　　　　　水资源和土地城市化率交互影响

资源门槛值 （亿立方米）	土地城市 化率（%）	大气污染 （μg/m³）	反作用系数
WATER <25.21	106.22 < AREA < 112.21	PM2.5 增长系 数为0.015	土地城市化水平在 106.22 < AREA < 112.21，PM2.5 <37.464，出现负向影响，系数为 -0.019
25.21 < WATER <69.26	112.21 < AREA < 141.55	PM2.5 增长系 数为0.201	112.21 < AREA < 148.56，即 37.464 < PM2.5 <42.33 时，出现负向影响，系数为 -0.128
WATER >69.26	141.55 < AREA < 164.325	PM2.5 增长系 数为0.201	148.56 < AREA < 164.32，对应大气污染介于 51.11 ~ 55.04 时，出现负向影响，系数为 -0.058

资料来源：笔者根据4.2.3部分数据来源应用 Stata 软件计算整理而得。

6.2

土地资源与城市化相互作用

城市人口比重升高增加了居民用地、建设用地等城市用地的需求，随着土地资源的不断开发，能承受的城市人口不断增多，雾霾污染愈发严峻，逐渐出现负向反作用。表6-4显示，土地资源、人口城市化和大气污染三者交互影响大致分三个过程：土地供给小于78.26平方千米时，城市人口比重增长至48.95% ~ 55.83%，当雾霾污染程度较轻时，并未出现限制人口增长现象；当雾霾污染程度达到37.46 ~ 42.331μg/m³ 时，城市人口比重轻微下降；土地资源供给大于78.26平方千米，城市人口比重增长至55.83% ~ 61.98%时，雾霾污染较为严重，城市人口比重也相应下降。根据土地资源的单门槛效应和PM2.5、城市人口比重的双门槛效应以及各拐点的变化分析，环境治理角度政策重点应将土地资源开发及城市建设控制在一定范围内，不宜盲目扩张城市用地面积。

表6-4　　　　　　　　土地资源和人口城市化率交互影响

资源门槛值	人口城市化率（%）	大气污染（$\mu g/m^3$）	反作用系数
LAND < 78.26	48.95 < PUP < 55.83	32.98 < PM2.5 < 43.42 PM2.5 增长系数为 0.015	32.98 < PM2.5 < 37.46，未出现负向影响，系数为 0.683
			37.46 < PM2.5 < 42.331，出现负向影响，系数为 -0.053
LAND > 78.26	55.83 < PUP < 61.98	43.42 < PM2.5 < 61.65 PM2.5 增长系数为 0.201	43.42 < PM2.5 < 61.65，出现负向影响，系数为 -0.053

资料来源：笔者根据 4.2.3 部分数据来源应用 Stata 软件计算整理而得。

工业和生产性服务业需要占用大量土地，基于土地资源、雾霾污染双门槛效应、产业城市化单一门槛及拐点变化分析，三个主要变量交互影响呈现五阶段发展特征，如表6-5所示：土地供给小于6.42，城市产业比重处于 79.93%~87.5% 之间，雾霾污染增长幅度较小，各城市并未受到污染影响，持续扩大城市产业比重；当雾霾污染增长至 40.125~42.69$\mu g/m^3$ 时，城市产业比重增长幅度放缓；土地供给至 6.42~12.33，当城市产业占比介于 87.5%~88.23% 之间时，雾霾污染的增长幅度仍然较小，环境污染未抑制城市产业比重增长；当城市产业比重超过 88.23% 时，PM2.5 增长系数变大，污染超过 43.61$\mu g/m^3$，抑制了城市产业比重的增长；当土地供给大于 12.33，城市产业比重超过了 88.6%，雾霾污染持续恶化，超过 51.12$\mu g/m^3$，抑制了城市产业比重的增长。城市征用过多土地用于工业生产和生产经营性服务时，应集约利用城市土地，调整工业企业和生产性服务业用地结构，提高土地利用效率。

表 6 - 5　　　　　　　土地资源和产业城市化率交互影响

资源门槛值	产业城市化率（%）	大气污染（μg/m³）	反作用系数
LAND < 6.42	79.93 < IND < 87.5	32.46 < IND < 42.69 PM2.5 增长系数为 0.384	32.46 < PM2.5 < 40.125，未出现负向影响，系数为 0.734
			40.125 < PM2.5 < 42.69，未出现负向影响，系数为 0.062
6.42 < LAND < 12.33	87.5 < IND < 88.6	87.5 < IND < 88.23 PM2.5 增长系数为 0.384	42.69 < PM2.5 < 43.61 未出现负向影响，系数为 0.062
		88.23 < IND < 88.6 PM2.5 增长系数为 0.93	43.61 < PM2.5 < 51.12 未出现负向影响，系数为 0.062
LAND > 12.33	88.6 < IND < 88.95	88.6 < IND < 88.95 PM2.5 增长系数为 0.93	51.12 < PM2.5 < 54.92 出现负向影响，系数为 - 0.003

资料来源：笔者根据 4.2.3 部分数据来源应用 Stata 软件计算整理而得。

城市建设用地的空间扩展是城市化进程的重要衡量指标（Arshad A，2020），多年来，城市外延扩张占用了大量土地。土地资源、土地城市化单门槛效应、雾霾污染双门槛及拐点变化分析，三个主要变量交互影响呈现四阶段发展特征，如表 6 - 6 所示：土地供给小于 7.47 时，建成区面积介于 100.33 ~ 113.07 平方千米之间时，雾霾污染增长幅度较低，一定程度上限制了建成区面积的开发；当土地供给高于 7.47 时，建成区面积增长至 113.07 ~ 178.85 平方千米区间，雾霾污染较为严重，出现了先增后减抑制城市建成区面积增长的趋势。城市土地开发导致大量的耕地、绿地被占用，城市活动范围扩大后大气污染，企业排放量增加，区域内绿色用地萎缩，资源环境承载力下降，人居环境质量下降，从而抑制了土地的征用与开发。因此，政策制定的重点应合理规划城市土地开发强度，避免大面积的高强度扩张，减少对土地资源结构的破坏，耕地、城市征用土地、绿地等需维持一定比例。

表 6-6　　　　　土地资源和土地城市化率交互影响

资源门槛值	土地城市化率（km²）	大气污染（μg/m³）	反作用系数
LAND < 7.47	100.33 < AREA < 113.07	32.46 < PM2.5 < 35.77，PM2.5 增长系数为 0.015	土地城市化水平在 100.33% ~ 113.07%，出现负向影响，系数为 -0.019
LAND > 7.47	113.07 < AREA < 178.85	PM2.5 增长系数为 0.201	35.77 < PM2.5 < 37.467，出现负向影响，系数为 -0.019
			37.467 < PM2.5 < 42.331，出现负向影响，系数为 -0.1289
			PM2.5 > 42.331，出现负向影响，系数为 -0.058

资料来源：笔者根据 4.2.3 部分数据来源应用 Stata 软件计算整理而得。

6.3

矿产资源与城市化相互作用

矿产资源是城市社会生产发展的重要物质基础，矿产资源、城市人口比重和雾霾污染的双变量门槛及拐点变化分析，三大主要变量交互影响呈现五阶段发展特征，矿产资源消耗量增加，供给的城市人口不断增长，劳动力集聚抑制雾霾污染增加，具体情况如表 6-7 所示。当矿产资源消耗小于 626.41 万吨标准煤时，供给的城市人口比重介于 48.9% ~ 54.77% 之间，城市人口比重增长导致雾霾污染下降，当污染低于 37.46μg/m³ 时，污染并未抑制人口城市化的增长，当污染程度介于 37.46 ~ 42.331μg/m³ 之间，轻微地抑制了城市人口比重的增长；城市人口消耗的资源介于 626.41 万~1534.56 万吨标准煤之间，供给的城市人口比重介于 54.77%~59.55% 之间，人口城市化抑制了雾霾增长，当雾霾污染小于 42.331μg/m³ 时，负向反作用不明显，当污染超过 42.331μg/m³ 时，显著地抑制了城市人口增长。以上结果表明，矿产资源对东北地区人口城市化起到了积极的促进影响，人口城市化对雾霾污染起到显著的抑制作用，但因雾霾污染引发的城区人口流失应得到关注。因此，以资源为支撑的人口城市化是否满足可持续发展要求，政策重点在于推进人口城市化，提高人均资源利用效率，释放人口红利，为东北地区城市的发展创造有利的人口条件。

表 6-7 　　　　　　　　矿产资源和人口城市化率交互影响

资源门槛值（万吨标准煤）	人口城市化率（%）	大气污染（μg/m³）	反作用系数	
MINERAL <626.41，系数为1.106	48.95 < PUP < 54.77	33.46 < PM2.5 < 40.12 PM2.5 增长系数为 -0.488	32.98 < PM2.5 < 37.46，未出现负向影响，系数为0.683	
			37.46 < PM2.5 < 42.331，出现负向影响，系数为 -0.053	
626.41 < MINERAL <1534.56，系数为0.507	54.77 < PUP < 59.55	40.12 < PM2.5 < 42.7 PM2.5 增长系数为 -0.488	40.12 < PM2.5 < 42.331，出现负向影响，系数为 -0.053	
			42.331 < PM2.5 < 42.7，出现负向影响，系数为 -0.394	
MINERAL > 1534.56，系数为0.089	59.55 < PUP < 61.65	PM2.5 > 42.7 PM2.5 增长系数为 -0.969	出现负向影响，系数为 -0.394	

资料来源：笔者根据4.2.3部分数据来源应用 Stata 软件计算整理而得。

矿产资源是工业的主要原料，为工业提供了 90% 以上的能源，同时，矿产资源也是高新技术产业和现代服务业的重要依托（Jabbour，2010）。本书第 3、第 4 和第 5 章结果表明城市产业与能源消耗、产业城市化与雾霾污染呈正相关，随着污染的增加，城市产业比重呈现高速增长、较缓增长和最后阶段的小幅度下降趋势。以矿产资源、城市产业比重单一门槛、雾霾污染双门槛效应及各拐点的变化分析，三个主要变量交互影响呈现四阶段特征，如表 6 - 8 所示。城市产业介于 79.93% ~ 87.35% 之间时，能源消耗低于 1171.45 万吨/标准煤，PM2.5 污染增长系数较小，城市产业比重持续增长；当能源消耗高于 1171.45 万吨/标准煤，城市产业比重增至 87.35% ~ 88.23% 区间，雾霾污染的增长系数仍然较低，在 35.08 ~ 40.125 μg/m³ 区间时，城市产业比重增幅仍然较快；当雾霾污染介于 40.125 ~ 51.116 μg/m³ 之间时，城市产业比重增幅变缓；第二产业和第三产业占总产业比重升至 88.23% ~ 88.95% 之间

表 6 - 8　　　　　　　　矿产资源，产业城市化率交互影响

资源门槛值（万吨/标准煤）	产业城市化率（%）	大气污染（μg/m³）	反作用系数
MINERAL < 1171.45	79.93 < IND < 87.35	79.93 < IND < 87.35 PM2.5 增长系数为 0.384	32.98 < PM2.5 < 35.08，未出现负向影响，系数为 0.683
MINERAL > 1171.45	87.35 < IND < 89.13	87.35 < IND < 88.23 PM2.5 增长系数为 0.384	35.08 < PM2.5 < 40.125，未出现负向影响，系数为 0.683
			40.125 < PM2.5 < 51.116，未出现负向影响，系数为 0.062
		88.23 < IND < 88.95 PM2.5 增长系数为 0.93	51.116 < PM2.5 < 54.92，出现负向影响，系数为 -0.003

资料来源：笔者根据 4.2.3 部分数据来源应用 Stata 软件计算整理而得。

时，雾霾污染的增长幅度较大，污染程度增长至 51. 116 ~ 54. 92μg/ m³ 区间时，对城市产业比重增长起到一定抑制作用。政策的重点为城市产业发展尤其是工业发展应以资源利用效率最高、污染最小为准则，大力发展高度集中、高附加值、高技术含量的产业，最大限度实现现有资源的平衡利用。

　　城市土地扩张承载的经济活动需要矿产资源。资源消耗、建成区面积和雾霾污染按各自非线性特征及拐点情况分析，三个指标交互影响可划分为三阶段，如表 6 - 9 所示，当资源环境消耗低于 925. 19 万吨标准煤，对应的城市建成区面积介于 100. 33 ~ 121. 57 平方千米之间，雾霾污染增幅较小，但亦阻碍了土地城市化的进一步开发；当资源消耗大于 92. 19 万吨标准煤，建成区面积小于 128. 77 平方千米时，雾霾增长幅度较小，但对土地城市化的开发抑制作用增强；当建成区面积大于 128. 77 平方千米时，雾霾污染处于最严重阶段，对建成区的进一步开发的抑制作用最强。应摒弃高能耗、高污染、高度扩张的城市发展模式。

表 6 - 9　　　　　　　　　矿产资源和土地城市化率交互影响

资源门槛值 （万吨标准煤）	城市化率（km²）	大气污染 （μg/m³）	反作用系数
MINERAL < 925. 19	100. 33 < AREA < 121. 57	PM2.5 系数为 0. 015	32. 46 < PM2. 5 < 37. 467，出现逆城市化现象，系数为 - 0. 019
MINERAL > 925. 19	121. 57 < AREA < 128. 77	PM2.5 系数为 0. 015	37. 467 < PM2. 5 < 42. 331，出现逆城市化现象，系数为 - 0. 128
	128. 77 < AREA < 188. 85	PM2.5 系数为 0. 201	PM2. 5 > 42. 331，出现逆城市化现象，系数为 - 0. 058

资料来源：笔者根据 4. 2. 3 部分数据来源应用 Stata 软件计算整理而得。

6. 4

本章小结

本章以东北地级及以上城市为案例，通过计算并整合第 3、第 4 和第 5 章各阶段主要指标值，对研究区 2000~2017 年间城市化与资源环境系统的相互影响进行了定量测度，得出两大系统在时间序列上交互作用特征，并有针对性地提出政策建议。主要结论和政策重点应包括：

（1）水资源与人口、产业和土地城市化交互作用分别呈现五阶段、三阶段和三阶段特征。对于水资源、人口城市化、雾霾污染交互影响，政策的重点是应当增加水资源的供给，提高人口城市化水平；对于产业城市化交互影响，工业活动用水和经营服务用水的供给应控制在一定范围，降低城市产业比重尤其是重污染企业比重，转移或关闭重污染企业，使雾霾污染得到抑制；对于土地城市化，环境治理角度政策重点在于水资源供给及城市建设控制在一定范围内，不宜盲目扩张城市建成区面积。

（2）土地资源与人口、产业和土地城市化交互作用分别呈现五阶段、三阶段和四阶段特征。对于土地资源、人口城市化、雾霾污染交互影响，环境治理角度政策重点应将土地资源开发及城市建设控制在一定范围内，不宜盲目扩张城市用地面积；对于产业城市化，城市征用过多土地用于工业生产和生产经营性服务时，集约利用城市土地，调整工业企业和生产性服务业的用地结构，提高土地利用效率；对于土地城市化，合理控制城市土地开发强度，避免过大面积的高强度扩张，减少对土地资源结构的破坏，耕地、城市征用土地、绿地等应长期维持一定比例。

（3）矿产资源与人口、产业和土地城市化交互作用分别呈现五阶段、四阶段和三阶段特征。对于矿产资源、人口城市化、雾霾污染交互影响，以资源为支撑的人口城市化是否满足可持续发展要求，政策重点在于推进人口城市化，提高人均资源利用效率，释放人口红利，为东北地区城市的发展创造有利的人口条件；对于产业城市化，政策的重点为城市产业发展尤其是工业发展应以资源利用效率最高、污染最小为准则，大力发展高度集中、高附加值、高技术含量的产业，最大限度实现现有资源的平衡利用；对于土地城市化，应摒弃高能耗、高污染、高度扩张的城市发展模式。

第 7 章

东北地区城市化与资源
环境的耦合协调

　　上文第 3 到第 6 章以具体指标、具体作用形式基于非线性和空间溢出视角论述两大系统间交互影响，得出各个时间点及空间作用规律，却未反映两系统间的关联程度。城市化系统与资源环境系统是否能协调发展？"十四五"规划指出，建立健全城市群一体化协调发展机制和成本共担、利益共享机制，统筹推进基础设施协调布局、产业分工协作、公共服务共享、生态共建环境共治。优化城市群内部空间结构，构筑生态和安全屏障，形成多中心、多层级、多节点的网络型城市群。协调发展大背景下，区域内各城市间城市化与资源环境发展的协同情况如何？本章依然遵循以往研究范式，通过引入耦合协调性模型，构建基于东北地区地级市尺度的城市化和资源环境综合指标评价体系，测度城市化与环境交互作用的耦合协调关系，分析其演化趋势，划分耦合阶段和耦合类型，进而为制定可持续的城市发展规划和环境政策提供依据。

7.1

指标选取与模型构建

7.1.1　指标选取原则

城市化是多维的概念：人口学角度城市化是人口向城市集中的过程；地理学角度农村地区或自然地区转变为城市区域的过程；经济学认为城市化是工业化的必然结果，引起了经济规模和产业结构的变化；生态学角度认为城市化是一种从自然生态系统向半自然及人工生态系统过渡的过程。资源环境是"由生态关系组成的环境"简称，指与人类密切相关的，影响人类生活和生产活动的各种自然（包括人工干预下形成的第二自然）力量（物质和能量）或作用的总和。与人类生活品质息息相关的可称为生活类资源环境要素，如水、大气、土壤等；资源禀赋是保障人类生产活动的支撑和动力，被称为发展类资源环境（黄金川，2003）。城市化与资源环境的交互耦合是一个典型的复杂开放巨系统，是各类子系统间非线性交互作用的总影响（钱学森，1990）。为客观、全面并科学地衡量城市化和资源环境各自发展水平及二者耦合规律，在确定指标体系、评价模型和评价体系时，本书遵循以下原则：

（1）科学性与系统性。指标选取以城市化和资源环境两大系统的科学理论为指导，概念必须明确，能够真实地反映两大系统的特征。各指标的代表性、计算方法、数据收集、指标范围、权重选择等都必须有科学依据。以两大系统内部要素及本质联系为依据，并使评价体系与评价指标有机结合，形成一个系统的研究整体。

（2）动态性与完备性。城市化和资源环境是两个动态的巨系统，选取的指标需在较长时间具有实际意义，且不仅能够静态考察其发展现状，同时还要观察其动态的发展潜力。指标体系需具有整体的分析价值，能够较全面地反映东北地区两大系统耦合的演变规律。

（3）独立性和代表性。设计的指标体系必须尽可能相互独立，同一层次的指标尽量不相互重叠，相互之间不存在因果关系，更为精简和准确地表达两大体系的发展状况。

（4）可操作性。即具备现实可测性，指标体系的构建是为区域政策制定和科学管理服务的，在指标能反映资源环境和城市化客观实际水平、保证总体范围一致前提下，所需数据容易获得，定量方法便于操作，便于数理分析。

7.1.2 指标体系构建与权重确定

根据上述指标选取原则，并充分借鉴国内外学者的相关研究（Wang Z，2019；Liu W，2018；刘耀彬，2005），虽然学者们对城市化综合水平的指标选取有所不同，但人口、空间、经济和社会城市化的四个子系统划分是被广泛接受的。本书确定上述四个维度构建城市化系统的评价体系，初筛 24 个指标，再经共线性处理，剔除存在相关关系的变量，最终确定城市人口比重、城区人口密度、非农人口从业比重、建成区面积、人均城市道路面积、建成区绿化覆盖率、人均地区生产总值、城市固定资产投资、非农产业占比、城镇居民人均可支配收入、人均地方财政收入、万人拥有交通汽车量、大专以上学生数和城市供热总量 14 个具体指标。所有指标均为正效应，预期向积极方向演化，见表 7 - 1。

表 7 - 1　　　　　城市化综合水平评价指标体系及权重

子系统层	指标层	方向	熵值法权重	AHP 法权重	综合权重
人口城镇化 （0.285）	城市人口比重（%）	+	0.124	0.118	0.121
	城区人口密度（人/km²）	+	0.073	0.050	0.062
	非农人口从业比重（%）	+	0.088	0.059	0.074
空间城市化 （0.221）	建成区面积（km²）	+	0.114	0.108	0.111
	人均城市道路面积（m²/人）	+	0.059	0.069	0.064
	建成区绿化覆盖率（%）	+	0.040	0.049	0.045
经济城市化 （0.264）	人均地区生产总值（不变价＊元）	+	0.069	0.053	0.061
	城市固定资产投资（亿元）	+	0.106	0.094	0.100
	非农产业占比（%）	+	0.108	0.132	0.120
	城镇居民人均可支配收入（元）	+	0.042	0.065	0.054
	人均地方财政收入（元）	+	0.039	0.052	0.046
社会城市化 （0.230）	万人拥有公共汽车量（台/万）	+	0.047	0.052	0.050
	大专以上学生数（人）	+	0.052	0.058	0.055
	城市供热总量（万吉焦）	+	0.038	0.041	0.040

资料来源：笔者根据 4.2.3 部分数据来源应用 Stata 软件计算整理而得。

　　本章资源环境系统指标体系采用经济合作与发展组织（OECD）和联合国环境规划署（UNEP）压力—状态—响应模型（pressure（P）- state（S）- response（R）framework，PSR），认为某一类资源环境问题，可由三个不同但又相互联系的指标类型来表达。基于此，本章将资源环境指标分为资源环境压力、资源环境状态和资源环境响应三个子系统层。其中，压力反映人类活动给资源环境造成的负荷；状态表征改变环境与资源环境质量的状态；相应指标表征人类面临环境污染时采取的对策与措施。分别选取了人均废气排放量、人均用水量、人均固体废弃物排放量、人均能源消耗量、人均水资源拥有量、人均公园绿地面积、人均耕地面积、生活垃圾无害化处理率、节能环保支出、城镇污水处理率、工业二氧化硫处理率、工业氮氧化物处理率 12 个指标，其中，正向指标 8 个，负向指标 4 个，见表 7-2。

表 7-2　　　　　　资源环境综合水平评价指标体系及权重

子系统层	指标层	方向	熵值法权重	AHP 法权重	综合权重
资源环境压力 (0.417)	人均废气排放量（亿立方米/万人）	-	0.110	0.085	0.098
	人均用水量（立方米/人）	-	0.077	0.129	0.103
	人均固体废弃物排放量（吨/万人）	-	0.091	0.104	0.097
	人均能源消费（吨标准煤/人）	-	0.089	0.087	0.088
资源环境状态 (0.293)	人均水资源拥有量（立方米/人）	+	0.069	0.068	0.069
	人均公园绿地面积（平方公里）	+	0.074	0.100	0.087
	人均耕地面积（公顷/万人）	+	0.058	0.024	0.041
	生活垃圾无害化处理率（%）	+	0.103	0.045	0.074
资源环境响应 (0.332)	节能环保支出（万元）	+	0.068	0.070	0.069
	城镇污水处理率（%）	+	0.095	0.101	0.098
	工业二氧化硫处理率（%）	+	0.094	0.110	0.102
	工业氮氧化物处理率（%）	+	0.072	0.077	0.074

资料来源：笔者根据 4.2.3 部分数据来源应用 Stata 软件计算整理而得。

指标权重指该指标在本层指标体系中相对于其他指标的重要程度，权重确定直接关系到评价体系的科学性与合理性。目前量化赋权方法有很多，主要有主观赋权法（层次分析法、专家评判法等）、客观赋权法（变异系数法、主成分分析法、熵值法）和组合赋权方法（将主客观赋权结果进行组合）。主观赋权法可依据实际状况和专家知识经验，反映决策者意向，但主观随意性的大小直接对评价结果的质量产生决定性影响；客观赋值法根据原始数据关系确定权重，有较强的数学理论依据，但结果可能与实际情况相悖。为兼顾决策者偏好，同时使决策结果真实可靠，本书采用了熵值法和层次分析法（AHP），将定性与定量结合，取两个结果的平均值作为综合权重。计算结果见表 7 - 1 和表 7 - 2。本章所选用的数据来源于2005 ~ 2016 年《黑龙江统计年鉴》《吉林统计年鉴》《辽宁统计年鉴》《内蒙古统计年鉴》和《中国城市统计年鉴》。

7.1.3　数据标准化

为使区域间 37 个地级市和 4 个副省级城市更具可比性即消除原始数据间量级、方向差异，在分析数据之前运用极值标准化方法对数据进行比例相除（赵艳，2011），计算公式为：

$$Y_{ij} = X_{ij} / X_{imax} \qquad (7-1)$$
$$Y_{ij} = X_{imin} / X_{ij} \qquad (7-2)$$

依据各指标经济含义，本书中选取的正向指标采用公式（7 - 1），负向指标采用公式（7 - 2）。

7.2

城市化与资源环境的交互耦合模型构建

7.2.1　耦合协调模型

借鉴并推广物理学中容量耦合概念，耦合度是对系统间关联程度的度量，反映各系统间相互作用程度大小（刘艳艳，2015；Wang Q，2019），模型的表达式为：

$$C_n = \left[(m_1 \times m_2 \times \cdots \times m_n) / \left(\frac{m_1 + m_2 + \cdots + m_n}{n} \right)^n \right]^{1/n} \quad (7-3)$$

公式（7-3）中，m_n 代表不同模块，各个系统。本书第 3、第 4 和第 5 章数理分析得出，城市化和资源环境间存在交互胁迫关系，依照本书研究设计，两大系统的耦合度模型为：

$$C_n = \left[(U(X) \times E(Y)) / \left(\frac{U(X) + E(Y)}{2} \right)^2 \right]^{1/2} \quad (7-4)$$

其中，C_n 是城市化和资源环境的耦合度，$U(X)$ 是城市化系统，$E(Y)$ 是资源环境系统，X、Y 分别代表影响城市化、资源环境的子系统。

7.2.2　基于距离协同模型的城市化与资源环境协调发展度

耦合度虽能反映系统间相互作用程度强弱，但不能体现系统间各功能是在高水平上相互促进还是低水平上相互制约。协同论的创始人哈肯指出，属性不同的各系统间存在着相互影响而又相互合作的关系。协同作用是系统有序结构形成的内驱力，偏离平衡态的开放子系统在与外界物质或能量交换下，通过协同作用，自发性地产生宏观上相对稳定的结构和功能（Haken，1985）。协调度模型正是这种协同作用的度量，可更好地评判城市化发展与资源环境耦合的协调程度。

为进一步判别各地区间城市化与资源环境的耦合协调程度，根据协调度本质，引入欧式距离公式度量实际状态与理想状态的距离，即用系统间的距离来评估系统的协调度。与其他协调度模型相比，该模型引入耦合距离意义直观、计算简便，能较为有效、直接地反映出系统实际状态与理想状态的距离，体现出协调度本质意义。同时，该模型无固定形式，运用更加灵活，具有较强普遍性（汤铃，2010）。

　　由于子系统单位的不同所造成的量纲差异，选择阈值法对协调度函数进行无量纲处理，除以 $\sqrt{\sum_{i=1}^{m} S_i^2}$，使评价结果具有可比性。式中，$S_i^2 = \max\{|x_{it} - x_{it}'|\}$ 为各评价变量的实际值与理想值的最大距离，则引入欧式距离的协调性度量模型公式为：

$$\overline{S}_t = \sqrt{\sum_{i=1}^{m}(x_{it} - x_{it}')^2 \Big/ \sum_{i=1}^{m} S_i^2} \qquad (7-5)$$

　　$\overline{S}_t$ 值越大表示系统实际状态越偏离理想协调状态，系统协调效应则越低。为与其他大多模型计算结果的值大小代表意义一致，构造距离协同模型（distance collaborative model，DCM）。方程式如下：

$$C_t = \left(\sqrt{1 - \overline{S}_t}\right)^k \qquad (7-6)$$

　　将子系统个数及公式（7-5）代入公式（7-6），令调节系数 $k = 2$，$S_1 = S_2 = 1$ 可得

$$\begin{aligned}
C_t &= \left(\sqrt{1 - \sqrt{\sum_{i=1}^{m}(x_{it} - x_{it}')^2 \Big/ \sum_{i=1}^{m} S_i^2}}\,\right)^k \\
&= \left(\sqrt{1 - \sqrt{\sum_{i=1}^{m}(x_{it} - x_{it}')^2 \Big/ \sum_{i=1}^{m} 2^2}}\,\right)^2 = 1 - \sqrt{(x_{1t} - x_{2t})^2} \\
&= 1 - |x_{1t} - x_{2t}| \qquad (7-7)
\end{aligned}$$

　　C_t 为介于 0~1 之间的数。当 $x_{1t} = x_{2t} = x_{it}'$ 时，协调度最高，此时，$\overline{S}_t = 0$，$C_t = 1$。

　　协调是两个系统配合得当，协调一致，良性循环的关系，当系统处于理想协调时，两子系统相互拉动，发展状态应该是一致的，根据理想协调状态设定各子系统的发展度为评价变量，其理想值等于另一子系统同一时期发展度的实际值，因此可以有：

$$(x'_{1t}, \ x'_{2t})^T = (x'_{1t}, \ x'_{2t})^T \qquad (7-8)$$

将 $i=1$ 设为城市化系统，$i=2$ 设为资源环境系统，进一步构造城市化与资源环境协调发展模型。公式为：

$$T_t = \alpha U(X_t) + \beta E(Y_t) \qquad (7-9)$$

$$D_t = \sqrt{T_t C_t} \qquad (7-10)$$

其中，T 为城市化与资源环境综合发展指数，α 和 β 分别为城市化和资源环境系统的贡献份额，为待定权数，D_t 为两大系统的协调发展度。

7.2.3 城市化与资源环境协调发展度类型划分

通过 $U(X_t)$、$E(Y_t)$ 和 D_t 的大小，同时借鉴物理学关于协调类型的划分，可以将城市化与资源环境的耦合类型分为 3 个大类、4 个亚类和 12 个子系统类型状态（Li 等，2012a），如表 7-3 所示。

表 7-3   城市化与空气环境的耦合协调类型划分

类型		亚类型	子类型	状态
协调发展	$0.8 < D \leqslant 1$	高级协调	$E(Y) - U(X) > 0.1$	高级协调—城市化滞后
			$U(X) - E(Y) > 0.1$	高级协调—资源环境滞后
			$0 < |U(X) - E(Y)| < 0.1$	高级协调
转型发展	$0.6 < D \leqslant 0.8$	基本协调	$E(Y) - U(X) > 0.1$	基本协调—城市化滞后
			$U(X) - E(Y) > 0.1$	基本协调—资源环境滞后
			$0 < |U(X) - E(Y)| < 0.1$	基本协调
不协调发展	$0.4 < D \leqslant 0.6$	轻度不协调	$E(Y) - U(X) > 0.1$	基本不协调—城市化滞后
			$U(X) - E(Y) > 0.1$	基本不协调—资源环境滞后
			$0 < |U(X) - E(Y)| < 0.1$	基本不协调

类型		亚类型	子类型	状态
不协调发展	$0 < D \leq 0.4$	严重不协调	$E(Y) - U(X) > 0.1$	严重不协调—城市化滞后
			$U(X) - E(Y) > 0.1$	严重不协调—资源环境滞后
			$0 < |U(X) - E(Y)| < 0.1$	严重不协调

资料来源：笔者根据 4.2.3 部分数据来源应用 Stata 软件计算整理而得。

7.2.4　东北地区各城市协同发展指数

本书参照距离协同模型的概念，将不同区域间协同发展用同一时间截面的发展差距衡量，从而创新性地构建了东北地区协同发展指数，以测度东北地区各市城市化系统和资源环境系统的协同发展程度。

$$
\begin{aligned}
C_t = 1 - [& (|a_{1t} - a_{2t}| + |a_{1t} - a_{3t}| + \cdots + |a_{1t} - a_{41t}|) \\
& + (|a_{2t} - a_{3t}| + |a_{2t} - a_{4t}| + \cdots + |a_{2t} - a_{41t}|) \\
& + \cdots + (|a_{3t} - a_{3t}| + |a_{3t} - a_{4t}| + \cdots \\
& + |a_{3t} - a_{41t}|) + \cdots + |a_{40t} - a_{41t}|]
\end{aligned}
\tag{7-11}
$$

其中，a_{1t}、$a_{2t} \cdots a_{41t}$ 分别代表第 t 年东北地区某城市某一子系统的发展程度。

7.3

东北地区城市化与资源环境子系统的演化特征

7.3.1　城市化系统的演化特征

在城市化系统中，人口城市化（0.285）占最大权重，之后依次是经济城市化（0.264）、社会城市化（0.230）和空间城市化（0.221），在具体的指标中，城市人口比重，建成区面积、非农产业占比、城市固定资产投资等指标具有很高的权重，进一步验证了上文量化研究部分所选指标的正确性，其代表了城市化系统演化的主要方向。图7-1展示了所有城市化系统指标时间上的演化趋势，横轴代表时间，可以看到大部分指标呈现不断上升的趋势。其中，非农人口比重、城区固定资产投资和城市集中供热总量在2013年左右开始快速上涨，城区人口密度、建成区绿化覆盖率、大专以上学生数这几个指标在2007年左右明显提升。

图7-2、图7-3展示了东北地区城市化子系统和四个具体指标时间序列上的演变趋势，从中可得东北地区城市化综合发展度从2005~2016年，呈现不断上涨趋势，且在2007年和2008年附近有两个拐点。2007年和2008年增长速度最快，2008年后呈现较为平稳的增长态势；人口城市化子系统总体呈现上升趋势，2005年到2008年增长速度较快，2008年后速度有所减缓，其中，非农业人口就业比重和建成区人口密度指标此特征尤为明显，城市人口比重对人口城市化子系统贡献率最大，呈现平稳增长趋势，但近三年来增速有所减缓；空间城市化子系统在2006年出现了明显下降，其他年份明显增长，城市大规模蔓延趋势并未得到遏制；经济城市化系统一直处于稳定的增长趋势，且非农产业占比即第二、第三产业占地区生产总值比重贡献最大；社会城市化子系统在2008年前缓慢增长，2008年实现了跳跃式增长，之后在各项指标带动下平稳增长。

7.3.2 资源环境系统的演化特征

计算得出资源环境系统中，资源环境压力（0.417）占的权重最大，其次是资源环境响应（0.332）和资源环境状态（0.293）。

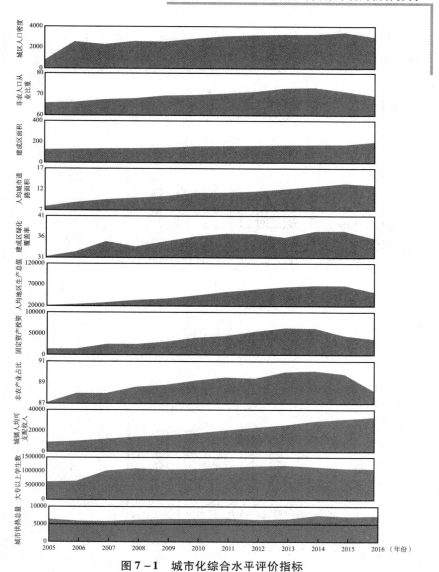

图7-1　城市化综合水平评价指标

资料来源：东北地区各地级市统计年鉴。

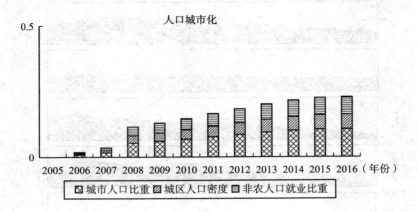

人口城市化

☒ 城市人口比重　☑ 城区人口密度　☰ 非农人口就业比重

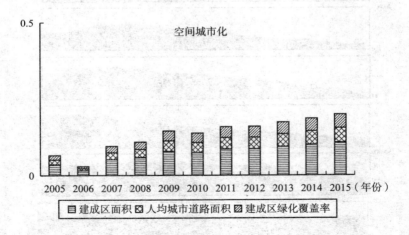

空间城市化

▤ 建成区面积　☒ 人均城市道路面积　▨ 建成区绿化覆盖率

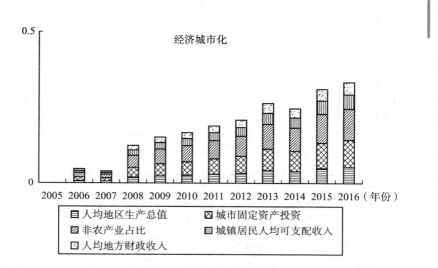

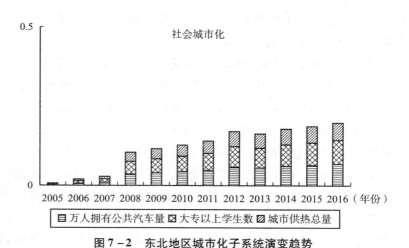

图 7－2　东北地区城市化子系统演变趋势

资料来源：笔者依据东北地区各地级市统计年鉴应用 Excel 软件计算整理而得。

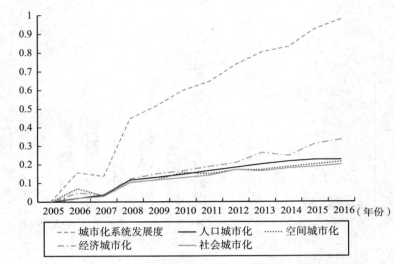

图 7 - 3   东北地区城市化四个子系统具体指标演变趋势

资料来源：笔者依据耦合公式应用 Excel 软件计算整理而得。

在各分项指标中，人均用水量、工业二氧化硫处理率、城镇污水处理率和人均固体废弃物排放量对资源环境系统影响较大。图 7 - 4 展示了资源环境系统所有指标的时间演变趋势，从中可得，人均耕地面积呈下降趋势；人均公园绿地面积和城镇污水处理率均呈上升趋势；人均用水量、人均能源消费 2005 ~ 2016 年间基本不变；人均固体废弃物排放量、人均水资源拥有量、工业二氧化硫处理率、工业氮氧化物处理率起伏波动较大，总体累计呈缓慢增长趋势。

图 7 - 5 展示了资源环境系统发展度及三个子系统具体指标的演变趋势。从中可得，2005 ~ 2016 年间，东北地区各城市资源环境系统整体向好的方向演化，资源环境发展度由 2005 年的 0.23 增长到 2016 年的 0.69，然而，资源环境压力呈增长趋势，污染问题越发严重；资源环境压力系统中的人均废气排放量、人均固体废弃物

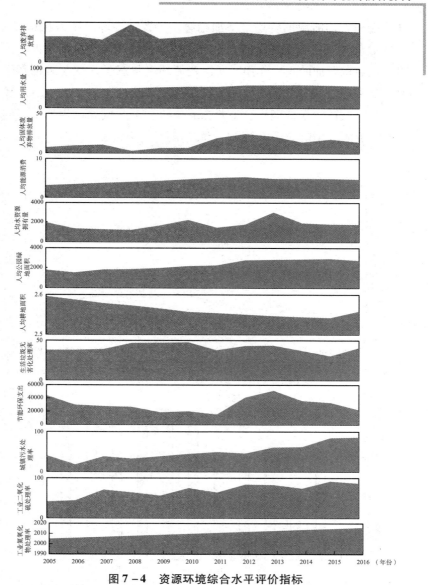

图 7－4　资源环境综合水平评价指标

资料来源：笔者依据东北地区各地级市统计年鉴应用 Excel 软件计算整理而得。

排放量和人均能源消费均呈增加趋势，导致资源环境压力在 0.2 ~ 0.25 之间波动；资源环境状态中，人均耕地面积减少抵消了人均公园绿地面积增加的正向作用，所以资源环境状态子系统改善幅度不大；资源环境响应子系统推动了资源环境系统的改善，由于节能环保支出、城镇污水处理率、工业二氧化硫和工业氮氧化物处理率的提高，资源环境响应子系统 11 年间呈不断上升趋势。

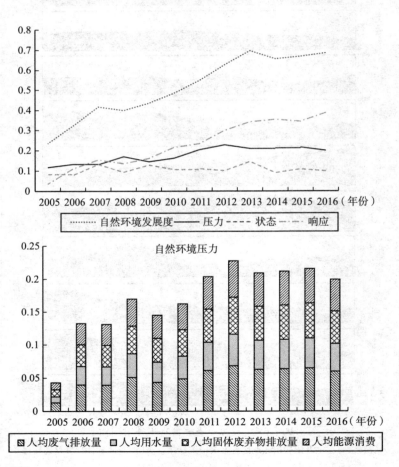

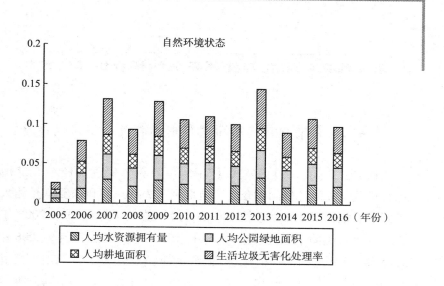

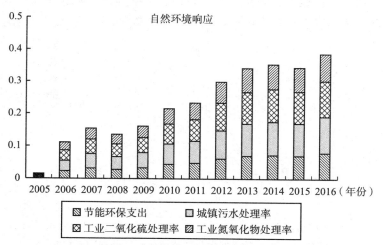

图 7-5　东北地区城市化四个子系统具体指标演变趋势

资料来源：笔者依据耦合协调模型应用 Excel 软件计算整理而得。

7.4

东北地区城市化与资源环境的耦合协调性分析

7.4.1 东北地区地级市尺度的耦合度与协调发展度

根据公式（7-4）、公式（7-5），计算 2005~2016 年东北地区城市化与资源环境的耦合度，结果见图 7-6。可以看到，整体来说两者的耦合度一直处于较高水平，最小值也达到 0.636，2008 年之前两个系统的耦合度呈波动上升趋势，2007 年为波谷；2008~2015 年，耦合度呈现稳定上升趋势，说明这一时期，东北地区城市化与资源环境的相互作用、相互影响在不断加强；近两年耦合协调度有所下降。以上趋势说明二者的相互作用具有阶段性特征，可能有两个阈值存在。耦合度能显示城镇化与资源环境系统之间作用的

图 7-6 东北地区城市化与资源环境耦合度演变趋势

资料来源：笔者依据耦合度公式应用 Excel 软件计算整理而得。

强弱，但不能显示系统的整体协调情况。应进一步计算城镇化与资源环境协调发展度。

为比较城市化子系统与资源环境子系统的权重占比对城市化与资源环境协调发展度的影响，本书分析了 3 种不同类型（D1：$\alpha = 1/3$，$\beta = 2/3$；D2：$\alpha = 1/2$，$\beta = 1/2$；D3：$\alpha = 2/3$，$\beta = 1/3$）城市化与资源环境占比的情景，分别基于这 3 种不同类型城市化子系统和资源环境子系统的贡献份额，根据公式（7 – 7）~ 公式（7 – 10），对城市化与资源环境协调发展度进行测度，计算结果及类型划分见图 7 – 7 和表 7 – 4。

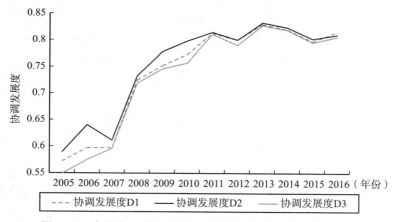

图 7 – 7　东北地区城市化与资源环境协调发展度的三种情景

资料来源：笔者依据协调度公式应用 Excel 软件计算整理而得。

表 7 – 4　　　　　　东北地区与资源环境协调发展演化阶段

年份	类型 1：$\alpha = 1/3$，$\beta = 2/3$	类型 2：$\alpha = 1/2$，$\beta = 1/2$	类型 3：$\alpha = 2/3$，$\beta = 1/3$
2005	轻度不协调—城市化滞后	轻度不协调—城市化滞后	轻度不协调—城市化滞后
2006	轻度不协调—城市化滞后	轻度不协调—城市化滞后	轻度不协调—城市化滞后

续表

年份	类型1：α=1/3，β=2/3	类型2：α=1/2，β=1/2	类型3：α=2/3，β=1/3
2007	轻度不协调—城市化滞后	轻度不协调—城市化滞后	基本协调—城市化滞后
2008	基本协调	基本协调	基本协调
2009	基本协调	基本协调	基本协调
2010	基本协调—城市化滞后	高级协调	基本协调—城市化滞后
2011	高级协调—资源环境滞后	高级协调—资源环境滞后	高级协调—资源环境滞后
2012	高级协调	高级协调	基本协调
2013	高级协调—资源环境滞后	高级协调—资源环境滞后	高级协调—资源环境滞后
2014	高级协调	高级协调	高级协调
2015	高级协调	基本协调	高级协调
2016	高级协调—资源环境滞后	高级协调—资源环境滞后	高级协调—资源环境滞后

轻度不协调—城市化滞后	基本协调—城市化滞后	基本协调	高级协调—资源环境滞后	高级协调

低水平协调 ⟹ 高水平协调

资料来源：笔者根据4.2.3部分数据来源应用Stata软件计算整理而得。

如图7-7所示，从3种不同城市化子系统和资源环境子系统贡献份额类型的协调发展度情形来看，2011年之前，城市化与资源环境协调发展度呈不断波动上升态势，之后呈平稳波动状演进。3个组合类型的变化趋势是一致的，只是数值上略有不同。因此，可认为城市化子系统和资源环境子系统的权重占比对整个系统的协调发展影响不大，故后文研究重点应为2005～2016年协调发展度的变化趋势。而图7-8展示了城镇化系统相对于资源环境系统的发展弹性系数，可以看到绝大多数的年份弹性系数大于1，说明整体上城市化系统的演进速度要远远快于资源环境系统的演进速度。为详细分析城市化与资源环境协调发展的演化趋势，本书将分三阶段具体阐释：

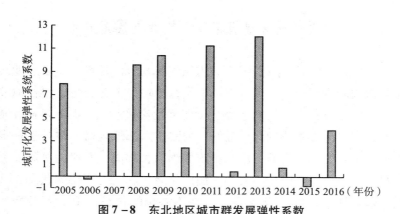

图7-8　东北地区城市群发展弹性系数

资料来源：笔者依据城市化发展弹性系数公式应用 Excel 软件计算整理而得。

（1）2005～2007年：该阶段虽然城市化与资源环境的协调发展度增长较快，但整体水平相对较低，处于0.4～0.5之间，两大系统发展轻度不协调，且城市化发展水平滞后于资源环境水平，资源环境发展度由0.021上升到0.137，此时，东北地区城市化增长速度最快，特别是中小城市的建设得到重视，如上文所述，第二、第三产业增长迅速，城市化对资源环境未构成严重的威胁，环境问题尚未得到足够重视。

（2）2008年和2009年，城市化与资源环境系统基本处于0.5～0.6之间，处于基本协调状态，城市化系统发展与资源环境系统发展基本达到均衡状态，但2010年又返回了城市化发展滞后状态。

（3）2011～2016年，城市化和资源环境两大系统的协调发展进入高级协调状态，发展度在0.8水平上下波动，城市化发展对资源环境压力越来越大，此时城市化的发展超过资源环境系统的发展度，如上文所述，尽管资源环境系统也在不断完善发展，但仍然处于高承载状态，特别是大气与水环境急需得到进一步改善。

7.4.2 东北地区地级市尺度协调发展度分析

表7-5展示了东北41个城市城市化与资源环境协调发展度演化趋势与阶段划分。由图可得，虽然总体均呈上升趋势，但各地的发展阶段差异较大，与当地经济发展程度高度相关，4个副省级城市和辽宁沿海城市协调状态最好；内蒙古东部五盟市总体处在基本协调以上；黑龙江省的资源型城市如鸡西、鹤岗、双鸭山协调发展度最差，一直处于轻度不协调—城市化滞后和轻度不协调状态；其余大部分城市在2010年前后，处在不协调的状态，2011年开始变为基本协调；大部分城市在2005年和2006年处于轻度不协调—城市化滞后阶段，2013~2016年大部分呈现基本协调—资源环境滞后状态，应当引起当地政府的高度警觉。

表7-5　东北各市城市化与资源环境协调发展演化趋势

城市	2005年	2006年	2007年	2008年	2009年	2010年	2011年	2012年	2013年	2014年	2015年	2016年
沈阳	0.74	0.75	0.84	0.86	0.89	0.89	0.87	0.88	0.88	0.89	0.89	0.89
大连	0.81	0.82	0.82	0.82	0.83	0.83	0.9	0.84	0.84	0.89	0.9	0.89
鞍山	0.51	0.49	0.51	0.53	0.51	0.62	0.69	0.66	0.68	0.6	0.61	0.66
抚顺	0.51	0.59	0.59	0.52	0.56	0.53	0.56	0.57	0.57	0.58	0.62	0.61
本溪	0.55	0.58	0.61	0.59	0.66	0.61	0.65	0.67	0.68	0.7	0.71	0.73
丹东	0.64	0.68	0.66	0.7	0.7	0.71	0.73	0.76	0.83	0.86	0.83	0.9
锦州	0.57	0.62	0.64	0.57	0.68	0.7	0.68	0.66	0.68	0.71	0.75	0.8
营口	0.62	0.64	0.67	0.69	0.72	0.74	0.77	0.79	0.82	0.84	0.87	0.89

续表

城市	2005年	2006年	2007年	2008年	2009年	2010年	2011年	2012年	2013年	2014年	2015年	2016年
阜新	0.52	0.52	0.5	0.5	0.51	0.52	0.56	0.53	0.57	0.58	0.59	0.6
辽阳	0.52	0.53	0.54	0.51	0.51	0.54	0.59	0.61	0.61	0.6	0.62	0.63
铁岭	0.56	0.56	0.52	0.53	0.52	0.54	0.56	0.57	0.58	0.59	0.6	0.61
盘锦	0.54	0.55	0.57	0.55	0.6	0.63	0.64	0.66	0.65	0.63	0.66	0.66
朝阳	0.56	0.56	0.62	0.62	0.63	0.65	0.66	0.67	0.68	0.69	0.7	0.71
葫芦岛	0.69	0.71	0.71	0.72	0.73	0.75	0.75	0.76	0.77	0.78	0.8	0.82
长春	0.76	0.76	0.76	0.79	0.79	0.8	0.81	0.82	0.83	0.84	0.84	0.85
吉林	0.67	0.68	0.69	0.7	0.71	0.73	0.73	0.76	0.75	0.78	0.8	0.82
四平	0.58	0.59	0.58	0.59	0.6	0.62	0.62	0.62	0.63	0.64	0.64	0.65
辽源	0.61	0.62	0.62	0.65	0.66	0.67	0.68	0.69	0.7	0.72	0.73	0.74
通化	0.6	0.61	0.61	0.63	0.64	0.65	0.66	0.67	0.68	0.69	0.7	0.71
白山	0.54	0.55	0.56	0.58	0.59	0.59	0.6	0.61	0.59	0.6	0.61	0.61
松原	0.58	0.57	0.58	0.59	0.59	0.59	0.6	0.61	0.61	0.61	0.61	0.62
白城	0.56	0.58	0.58	0.57	0.58	0.58	0.59	0.59	0.6	0.6	0.62	0.61
延吉	0.5	0.51	0.52	0.54	0.55	0.57	0.58	0.6	0.61	0.63	0.64	0.64
哈尔滨	0.71	0.71	0.72	0.73	0.72	0.73	0.73	0.74	0.74	0.75	0.75	0.76
齐齐哈尔	0.59	0.59	0.58	0.6	0.59	0.61	0.61	0.61	0.62	0.62	0.63	0.63
鸡西	0.46	0.48	0.47	0.47	0.49	0.5	0.52	0.53	0.54	0.56	0.57	0.58
鹤岗	0.45	0.46	0.48	0.5	0.5	0.51	0.53	0.53	0.54	0.55	0.57
双鸭山	0.47	0.49	0.51	0.5	0.52	0.53	0.54	0.55	0.56	0.58	0.59	0.6
大庆	0.57	0.59	0.58	0.59	0.6	0.6	0.61	0.61	0.62	0.62	0.63	0.63
伊春	0.52	0.54	0.55	0.56	0.57	0.56	0.59	0.6	0.61	0.62	0.63
佳木斯	0.54	0.54	0.55	0.57	0.56	0.57	0.58	0.59	0.59	0.6	0.61	0.61

城市	2005年	2006年	2007年	2008年	2009年	2010年	2011年	2012年	2013年	2014年	2015年	2016年
七台河	0.55	0.55	0.57	0.58	0.58	0.59	0.58	0.59	0.59	0.6	0.61	0.62
牡丹江	0.59	0.61	0.62	0.62	0.64	0.62	0.62	0.63	0.65	0.67	0.69	0.71
黑河	0.54	0.55	0.57	0.59	0.58	0.6	0.63	0.63	0.64	0.65	0.66	0.67
绥化	0.62	0.63	0.63	0.65	0.66	0.66	0.68	0.68	0.69	0.7	0.71	0.72
大兴安岭	0.69	0.71	0.71	0.72	0.73	0.75	0.76	0.77	0.79	0.8	0.81	0.83
呼伦贝尔	0.57	0.59	0.58	0.6	0.6	0.62	0.64	0.65	0.65	0.67	0.68	0.7
通辽	0.58	0.57	0.59	0.6	0.62	0.64	0.66	0.66	0.67	0.69	0.7	0.71
赤峰	0.55	0.56	0.56	0.58	0.6	0.6	0.62	0.62	0.62	0.64	0.65	0.66
兴安盟	0.61	0.63	0.64	0.66	0.68	0.7	0.71	0.72	0.75	0.77	0.79	0.81
锡林郭勒	0.64	0.65	0.66	0.68	0.69	0.1	0.72	0.73	0.74	0.76	0.77	0.79
轻度不协调—城市化滞后		轻度不协调		基本协调—城市化滞后		基本协调—资源环境滞后		基本协调			高度协调	

资料来源：笔者根据 4.2.3 部分数据来源应用 Stata 软件计算整理而得。

7.5

东北地区城市化与资源环境的协同发展评价

党的十九大报告提出深化改革加快东北等老工业基地振兴，构成新时代我国区域协调发展战略的重要组成部分。习近平总书记强调，以绿色低碳、环境优美、生态宜居、安全健康、智慧高效为导向，建设新时代美丽城市。[①] 将资源环境融入区域经济发展，是落

---

① 2024 年 1 月 1 日出版的第 1 期《求是》杂志发表习近平总书记的重要文章《以美丽中国建设全面推进人与自然和谐共生的现代化》。

实区域协调发展战略的应有之义（钟茂出，2018）。因此，东北各城市协同发展概括起来，可以说是城市化发展的协同一体化与资源环境保护治理的协同一体化。

基于距离协同度模型，本书创新性地构建了评价东北地区协同发展进程的协同发展指数，将数据代入公式（7-9），将城市化系统与资源环境系统的协同发展进行定量评估。整体上对比图 7-9 和图 7-10 展示的两大系统的协同发展指数，可以看到东北各城市

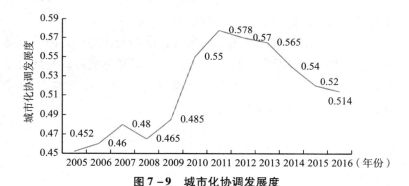

图 7-9　城市化协调发展度

资料来源：笔者依据协调发展度公式应用 Excel 软件计算整理而得。

图 7-10　资源环境协调发展度

资料来源：笔者依据协调发展度公式应用 Excel 软件计算整理而得。

资源环境系统间的协同发展性比城市化系统的协同发展性要高很多，说明相对于资源环境发展，各城市间社会经济发展差异更大。

图 7-10 展示了东北各城市间的城市化系统协同发展指数的变化规律，曲线整体呈倒"U"型。2005～2009 年间，城市化协同发展度呈波动上升趋势；在 2009～2011 年快速上升，并在 2011 年升至最高；从 2009～2016 年总体上呈现逐渐下降趋势。2021 年《东北振兴"十四五"规划》提出，发挥区域比较优势，推动产业和人口向城市群集中，建设现代化都市圈，增强优势区域综合承载力和辐射带动力，打造引领东北经济发展的区域动力源。

图 7-11 展示了资源环境协同发展指数的变化趋势，曲线整体呈倒"N"型。可以看出，2005～2008 年，资源环境协调发展度呈下降状态；2008～2011 年，协同发展度不断上升，并且在 2011 年达到最高值；2011 年后又开始下降。

7.6

本章小结

本章以东北为案例地区，通过引入距离协同模型，以及构建协同发展指数等，在地级市尺度，对研究区 2005～2016 年间城市化与资源环境系统的耦合协调性和协同发展性进行了定量测度，主要结论包括：

（1）东北地区城市化综合发展度从 2005～2016 年，呈现不断增长的趋势，且在 2007 年和 2008 年附近有两个拐点。2005～2016 年间，东北地区各城市资源环境系统整体向好的方向演化，资源环境发展度由 2005 年的 0.23 增长到 2016 年的 0.69，然而环境压力在增长。两大系统耦合度一直处于较高水平，且呈上升趋势，说明两大系统相互作用、相互影响不断加强，但二者的相互作用具有阶段性特征。

（2）整个地区看：2005～2007 年：该阶段虽然城市化与资源环境的协调发展度增长较快，但整体水平相对较低，处于 0.4～0.5 之间，两大系统发展轻度不协调，且城市化发展水平滞后于资源环境水平；2008 年和 2009 年，城市化与资源环境系统基本处于 0.5～0.6 之间，处于基本协调状态，城市化系统发展与资源环境系统发展基本达到均衡状态，但 2010 年又返回了城市化发展滞后状态；2011～2016 年，城市化和资源环境两大系统的协调发展进入高级协调状态，发展度在 0.8 水平上下波动，城市化发展对资源环境压力越来越大。

（3）各地级市尺度视角：城市化与资源环境协调发展度虽然总体均呈上升趋势，但各地的发展阶段差异较大，与当地经济发展程度高度相关。

（4）东北各城市资源环境系统间的协同发展性比城市化系统的协同发展性要高很多，相对于资源环境发展，各城市间社会经济发展差异更大。东北各城市间的城市化系统协同发展指数整体呈倒"U"型，资源环境协同发展指数整体呈倒"N"型。

第 8 章

结论与展望

主要结论

城市化是经济社会持续健康发展的强大引擎，是国家现代化的重要标志。东北北临俄罗斯远东地区，东靠朝鲜半岛，西接内蒙古自治区，与京津冀、环渤海地区相呼应，是我国对外开放的重要门户，城市化发展对推进东北地区老工业基地转型具有重要的战略意义。以中国东北为典型案例区，揭示东北地级市及以上城市城市化过程与资源环境交互影响机理及规律，既是人地关系系统与科学发展研究的前沿领域和核心主题、人类发展的根基，也是我国经济新常态和新型城镇化背景下，面向国家战略需求，推动整个社会走上生产发展、生活富裕、生态良好的文明发展道路的重要支撑，推进以人为本的城镇化，协调人类与环境的关系，为城市区域可持续发展提供系统性理论科学依据的急迫需要。

在充分了解国内外、不同尺度、不同指标体系、不同研究方法城市化与资源环境交互关系研究基础上，系统总结当前国内外研究理论、研究侧重点与方法的最新进展，并对现有成果进行评述。借鉴复杂性理论，科学剖析城市化与资源环境相互作用的复杂性特征，并对二者的协调性进行数理分析，提出完整的交互作用模型，基于分阶段、空间视角，产出密度模型等方面构建本书的理论研究框架。通过定性和定量相结合、大数据与统计数据相结合的方法针对东北地区城市发展开展实证研究。首先，将环境成本内生于产出密度模型，筛选主控变量，进而构建城市化与资源环境交互影响的指标体系，定量解构地级及以上尺度两大系统交互作用的演化规律，并划分阶段和类型进行政策设计。本书的主要结论总结如下：

（1）比较三类资源环境对人口城市化影响系数，土地资源禀赋大于水资源大于矿产资源，东北地区土地资源的支撑作用最突出且呈现阶段性增长趋势，具体为：①以水资源为门槛变量，水资源禀赋对人口城市化进程的支撑作用均为显著的非线性关系，呈现显著的双门槛效应，水资源系数值呈阶段性递减趋势。此现象同东北地区城市常住人口数量变化规律一致，此外，由于受教育水平和环保意识的提高，居民节水意识增强，水资源供给减少，人口城市化指标增长缓慢。劳动生产率对我国东北地区人口城市化的促进作用并不明显，而经济发展对人口城市化水平的提升产生显著的促进作用。②土地资源供给显著促进了人口城市化进程，对人口城市化的支撑作用呈两阶段非线性关系。东北地区土地供给相对充足，城市空间"摊大饼"式蔓延现象凸显。同时验证了1990年以来，东北地区同全国城市化发展规律一致，土地城市化快于人口城市化进程。③对人口城市化推动作用的矿产资源禀赋来看，三阶段变量系数均显著为正，表明东北地区人口城市化的发展离不开丰富的资源环境，但双重门槛矿产资源的影响系数逐渐降低。萎缩性城市人口流失严重，矿产资源禀赋对人口城市化的正向作用逐年减弱。三类资源对产业城市化的影响：①水资源供给对产业城市化的影响系数在前两阶段是正的，当供给量超过取对数后的 3.434 时，系数为负，水资源对产业城市化的支撑作用呈倒"U"型趋势，这一特征符合环境资源库兹涅茨曲线规律。②土地对产业城市化支撑作用系数在门槛值的任何区间内均为正，系数值较其他两类资源高，且呈连年增长的趋势。③矿产资源供给与城市产业结构在两阶段呈现正增长趋势，在矿产资源供给跨越1171.45时，城市工业、服务业占比提高2.17%；此后，增长速度降为0.629%。三大类资源对城市化支撑作用：①由于居民和工业节水技术及意识的提高，各城市水资源供给量趋势连年下降，但建成区面积呈稳定增长，因此，第一阶段和第三阶段时间序列上呈负相关关系。第二阶段大量工业和农业扩张加快，城市建成区面积增长，消耗的水资源增长。②土地是建成区面积扩张的最直接要素，东北地区建成区面积扩张呈现明显的时段差异。从系数上看，东北地区土地城市化进程加速明显。③矿产资源对土地城市化的支撑作用分为两个阶段，当矿产资源的供给水平位于拐点左侧时，企业扩大生产规模，资源需求增加，大量的工业用地扩张，城市建成区面积扩大。当矿产资源的供给水平位于拐点右侧时，资源型城市逐渐陷入资源诅咒，企业效益下降，资源需求型工业萎缩，推动建成区面积增长效应放缓。

（2）空间和门槛效应分析城市化对雾霾污染的影响，探索性空间数据分析表明，雾霾污染空间溢出效应明显，呈现高—高污染的集聚特征，雾霾污染集中于以四个副省级城市为中心辐射周边工业城市的区域，与《全国城镇体系规划》中"哈尔滨—大连"铁路、公路网而形成的东北三省核心城市带、"沈阳经济区"、"长吉图"和"哈大齐"范围大体重合，该区域的雾霾污染逐年加重；大连市逐渐退出了雾霾高污染集聚区；哈尔滨、大庆的下辖县近几年成为高污染聚集区。空间杜宾模型结果表明，东北城市化进程中，工业污染是造成大面积持续雾霾污染的最主要因素，建筑业比重增加和城市建成区面积扩大是造成雾霾污染的重要成因，城市人口比重的增加有利于改善城市雾霾污染。冬季城市供暖、经济增长、汽车尾气排放量的增加共同加剧雾霾污染，尽管环境治理投资及植被覆盖指数对雾霾表现显著的控制效应，但其影响程度较小。因此，城市化进程中，雾霾污染的诱因没有得到抑制，治理措施的作用没有得到有效发挥，成为雾霾污染持续频发、愈演愈烈的根源。空间溢出效应的分解结果表明，城市人口比重、城市供暖、经济增长和汽车尾气排放的增加均对本地和邻近地区的影响为正；工业产值比重的溢出效应小于直接效应，且两种效应的影响相反，东北地区范围内重污染企业产业转移现象较少；环境治理使邻近地区的雾霾污染得到缓解且溢出效应大于对本地直接效应，可以用环境规制警示作用予以解释。门槛模型的分析结果发现，人口城市化进程有利于抑制雾霾污染，经历了倒"U"型阶段性特征；城市工业产值增加和土地城市化是雾霾污染的促增因素，呈现两阶段逐渐递增趋势。

（3）通过门槛面板模型得出，雾霾污染对四类城市化影响均呈现三阶段特征：城市人口比重下降，即对城市化的负向反作用在污染中期开始显现，污染严重阶段城市人口比重下降最为明显；由于东北地区产业结构特征，雾霾污染一直对工业城市化产生正向促进作用，第三阶段初见下降特征；雾霾污染对建筑业影响规律与工业占比类似，呈逐步下降趋势；雾霾污染限制了土地城市化，抑制建成区面积的扩张，但约束作用有限，可能与资源枯竭型城市收缩有关。通过空间杜宾模型估计系数得出：①雾霾仅对工业城市化存在明显的空间集聚特征，对其他三项城市化指标的影响为负，表明雾霾污染一定程度上影响城市化进程。②空间溢出效应看出，雾霾对邻近城市人口比重、城市产业比重和建成区面积增加均具有正向的空间溢出效应，雾霾污染在一定程度上促进了东北城市群协调发展；本地经济增长带动邻近地区城市化的推进，"虹吸效应"下邻近地区城市人口流失、产业萧条、城市建设乏力，城市化指标下滑。

（4）整合以上结果：①水资源与人口、产业和土地城市化交互作用分别呈现五阶段、三阶段和三阶段特征。对于水资源、人口城市化、雾霾污染交互影响，政策的重点应当增加水资源的供给，提高人口城市化水平；对于产业城市化交互影响，工业活动用水和经营服务用水的供给应控制在一定范围，降低城市产业比重尤其是重污染企业比重，转移或关闭重污染企业，使雾霾污染得到抑制；对于土地城市化，环境治理角度政策重点应将水资源供给及城市建设控制在一定范围内，不宜盲目扩张城市建成区面积。②土地资源与人口、产业和土地城市化交互作用分别呈现五阶段、三阶段和四阶段特征。环境治理角度政策重点应将土地资源开发及城市建设控制在一定范围内，不宜盲目扩张城市用地面积；对于产业城市化，城市征用过多土地用于工业生产和生产经营性服务时，集约利用城市土地，调整工业企业和生产性服务业的用地结构，提高土地利用效率；对于土地城市化，合理控制城市土地开发强度，避免过大面积的高强度扩张，减少对土地资源结构的破坏，耕地、城市征用土地、绿地等应长期维持一定比例。③矿产资源与人口、产业和土地城市化交互作用分别呈现五阶段、四阶段和三阶段特征。政策重点在于推进人口城市化，提高人均资源利用效率，释放人口红利，为东北地区城市的发展创造有利的人口条件；对于产业城市化，政策的重点为城市产业发展尤其是工业发展应以资源利用效率最高、污染最小为准则，大力发展高度集中、高附加值、高技术含量的产业，最大限度实现现有资源的平衡利用；对于土地城市化，应摒弃高能耗、高污染、高度扩张的城市发展模式。

（5）对研究区 2005～2016 年间城市化与资源环境系统的耦合协调性和协同发展性进行了定量测度，主要结论包括：①东北地区城市化综合发展度从 2005～2016 年，呈现不断增长的趋势，且在

2007 年和 2008 年附近有两个拐点。2005～2016 年间，东北地区各城市资源环境系统整体向好的方向演化，资源环境发展度由 2005 年的 0.23 增长到 2016 年的 0.69，然而环境压力在增长。两大系统耦合度一直处于较高水平，且呈上升趋势，说明两大系统相互作用、相互影响不断加强，但二者的相互作用具有阶段性特征。②整个地区看：2005～2007 年：该阶段虽然城市化与资源环境的协调发展度增长较快，但整体水平相对较低，处于 0.5～0.5 之间，两大系统发展轻度不协调，且城市化发展水平滞后于资源环境水平；2008 年和 2009 年，城市化与资源环境系统基本处于 0.5～0.6 之间，处于基本协调状态，城市化系统发展与资源环境系统发展基本达到均衡状态，但 2010 年又返回了城市化发展滞后状态；2011～2016 年，城市化和资源环境两大系统的协调发展进入高级协调状态，发展度在 0.8 水平上下波动，城市化发展对资源环境压力越来越大。③各地级市尺度视角：城市化与资源环境协调发展度虽然总体均呈上升趋势，但各地的发展阶段差异较大，与当地经济发展程度高度相关。④东北各城市资源环境系统间的协同发展性比城市化系统的协同发展性要高很多，相对于资源环境发展，各城市间社会经济发展差异更大。东北各城市间的城市化系统协同发展指数整体呈倒"U"型，资源环境协同发展指数整体呈倒"N"型。

8.2

政策建议

基于本书的理论分析和实证结果，针对性地提出东北地区城市化与资源环境协同发展的政策建议，具体包括：

（1）将资源消耗作为大气污染治理和区域城市协调发展的重要抓手，资源环境作为基础生产要素进行城市建设时，应参考城市化和资源环境交互影响规律及内在机理，科学预测城市人口比重、非农产业比重及建成区面积的区间，合理估计环境污染程度，及其对城市建设的反作用。发挥城市人口集聚对大气环境的正向影响及溢出效应，加大人才培养力度，重视和吸引高素质人才。及时警惕资源供给的土地、产业城市化引起的雾霾污染，及早预防连锁反应。加强资源环境的合理开发与利用，注重资源环境的保护与治理，为东北老工业基地的可持续发展提供良好的生态与资源环境。

（2）根据雾霾污染的严重程度和城市发展水平划分出不同等级区域，制定差别化的区域环境治理策略。本书的探索性空间数据分析表明，东北雾霾污染具有十分显著的空间集聚特征，因此可将东北雾霾治理划分为三个区域：第一级为以四个副省级城市为中心辐射周边城市的区域，是当前东北治理雾霾的主要区域；第二级为以大连为核心，包括营口、锦州、盘锦等沿海城市的"辽宁沿海经济带"，该区域经济较为发达，雾霾污染较为严重，但近几年逐步退出雾霾高污染区域；第三级为东北西部内陆地区，主要包括阜新、白城和锡林郭勒等城市和地区，该区域经济欠发达，雾霾污染相对较轻，但应考虑到该区域面临着发达地区将污染企业转移带来的污染风险，所以应时刻关注该区域接受外来发达地区产业转移的质量和数量问题。因此，这三个级别地区应当制订因地制宜的治霾方案，避免互相向"底线看齐"，防止地区间雾霾泄露的风险。

（3）建立区域间联防联控的环境治理机制，由于大气污染、跨界水污染等具有明显的空间溢出效应，因此只关注本区域的环境治理工作或将本地区重污染工业迁出邻近地区，依然会因污染的泄漏效应而变得徒劳无功，各地政府应当在协调整体利益一致的情况下，打破行政区域边界的限制，共同制定区域间环境治理目标策略，共同应对重大污染应急事件，共享合力治理的阶段性成果。同时，应当明确上述三级主体区域在环境保护中的责任和目标，整合全省的环境管理的法律、法规和政策体系,形成统一管理的方案。东北地区应建立横向的转移支付机制、各地区的新型城市化发展机制、污染补偿机制、环保硬指标政绩考核机制,使区域联防联控成为与地方政府治理动机相兼容的激励机制。

(4)促进东北地区城市群的协调与平衡发展。从东北地区2005~2016年协调发展度来看,各市资源环境系统间的协同发展性比城市化系统的协同发展性要高很多,相对于资源环境发展,各城市间社会经济发展差异更大。在这种背景下,"十四五"规划提出,建立健全区域战略统筹、市场一体化发展、区域合作互助、区际利益补偿等机制,更好促进发达地区和欠发达地区、东中西部和东北地区共同发展。未来从促进东北城市发展的协调与平衡角度,正确处理好公平与效率的关系,培育发展现代化都市圈,加强东北地区重点区域和重点领域合作。发挥哈大齐和吉林中部城市群、辽中南城市群中心辐射作用,强调城市间的网络联系和要素间的全面协调,发挥各城市的比较优势,密切技术、人才、产业等方面的交流与合作,发挥各地政府在环境保护中的主导作用,将跨地区生态保护补偿与东北振兴重大战略有机结合。

(5)警惕环境污染带来的城市发展和生态文明倒退,同时做好中小城市的基础配套措施建设。水资源、土地资源和矿产资源的短缺,必将导致城市化进程中人与自然、人与物质生活之间各种关系的失谐。世界银行估算由于污染造成的健康成本和经济损失大约占本国GDP的5%(Baroudi F,2020),引起城市化的成果和生态文明倒退。因此,政府部门在制定生态保护政策、环境污染治理政策和投资政策时,防止政策实施的滞后性,应合理规划年度环保目标、项目安排及投资预算。本书测算,雾霾污染严重到一定浓度时,会阻碍城市化进程,应做好中小城市的基础配套措施建设。东北地区中小城市较多,从人口趋势看,未来会进入收缩性城市行列。因此，在今后发展中，小城市在产业、信息、交通、能源等基本公共服务方面积极融入城市群中，提升小城市吸引人才、技术、资本等生产要素的能力。

（6）在新时代，加快城市化进程的同时，应提倡"健康城市""宜居城市"和"生态城市"理念。充分认识各城市资源和环境承载能力，将生态宜居理念纳入城市总体规划，认真处理好生态需求与城市发展、土地扩张与生态文明建设、产业发展与生态保护的关系。倡导人与人、人与自然和谐的生态价值观，大力发展循环经济构建节约型产业结构。

（7）拓展区域生态安全格局，在一定程度上提高资源环境承载力，满足城市发展的生态需求。促进区域协调发展，提高新型城镇化质量，让城市更加宜居。小城市要与大城市协调发展：形成辽中南城市群和哈长城市群为主体，构建包含周边中小城市更大的城市群体系，成为拉动东北地区经济增长的重要增长极，推进区域环境协同治理实践；振兴小城市，使小城市成为沟通城乡，疏解大城市压力，推动乡村振兴的关键节点。

8.3

不足和展望

8.3.1　研究不足

（1）本书的城市化指标和水资源、矿产资源消耗等指标来源于统计部门的黑龙江、吉林、辽宁、内蒙古四省区统计年鉴和《中国城市统计年鉴》，由于统计数据存在统计口径差异及部分统计指标存在年度缺失的情况，完整的面板数据获取存在一定难度，使得对地级城市尺度的城市化与资源环境交互影响格局研究时间较短。本书得到的结论和规律是否在其他时间尺度上有新的不同，有待以后进一步研究。

（2）城市化与资源环境的交互机制非常复杂，涉及系统与系统、系统与要素、单要素与单要素、单要素与多要素等之间的空间异质性和非线性规律，因此完全探讨清楚内部机理是一项庞大的系统工程。本书最主要的贡献是为解决这一复杂问题提供了一个较为全面系统的理论框架，但在实证研究中，只有第 7 章是研究了两大系统的整体耦合协调性，其他章节有的仅选取主控序参量（第 3 章）、有的仅从城市化或资源环境系统中与人类生产生活最密切的大气污染进行研究（第 4、第 5 章），本书虽然以资源环境对城市化支撑作用、城市影响资源环境和资源环境对城市反作用串联各个章节的纽带，实现行文逻辑上的前后贯通，最后得出各主控变量间非线性的时间演化规律，但由于每一章视角有所不同，在研究焦点上略显分散。

8.3.2　研究展望

（1）进一步完善"城市化和资源环境交互影响理论"解析框架，逐步发展成为一个包含理论分析和测算预测模型的易理解、可应用的普适性理论，并在更多区域加以验证、改良和推广。下一步应进一步思考：城市化与资源环境两大系统的空间异质性与非线性作用规律存在怎样的联动机制？哪一种作用方式占主导？如何选择更合适的方法进行定量化解析和预测，进而分析更复杂的交互影响机制？该理论在不同的空间尺度及空间异质性上应注意哪些问题？

（2）这也要求在后续的研究中，针对上述存在的不足，进一步整合提炼两大系统的交互作用规律，以期从更高的方法论层面推进该研究领域的理论发展。同时相应延长时间跨度，缩小空间尺度，尤其是对城市或者更加微观区域的资源环境统计，使研究内容更加深入全面。为我国生态文明建设以及城市的健康可持续发展提供决策参考。

参 考 文 献

［1］艾东，朱道林，赫晓霞. 土地整理与资源环境建设关系初探［J］. 资源环境，2007（1）：263－269.

［2］陈百明. 耕地质量建设须树立生态与环境理念［N］. 中国环境报，2013－05－24（002）.

［3］陈军，成金华. 中国矿产资源开发利用的环境影响［J］. 中国人口·资源与环境，2015，25（3）：111－119.

［4］陈明星，周园，郭莎莎，等. 新型城镇化研究的意义、目标与任务［J］. 地球科学进展，2019，34（9）：974－983.

［5］陈晓红，周宏浩. 城市化与资源环境关系研究热点与前沿的图谱分析［J］. 地理科学进展，2018，37（9）：1171－1185.

［6］陈玉山. 基于 EKC 的城市化和污水排放实证研究——以中国东部省际面板数据为例［J］. 河海大学学报（哲学社会科学版），2018，20（4）：67－74，93.

［7］陈云. 陈云文选：1956～1985 年［M］. 北京：人民出版社，1986.

［8］程小于，杨庆媛，毕国华. 重庆市江津区土地资源承载力时空差异研究［J］. 长江流域资源与环境，2019，28（10）：2319－2330.

［9］崔晶. 新型城镇化进程中地方政府环境治理行为研究［J］. 中国人口·资源与环境，2016，26（8）：63－69.

［10］邓伟，张平宇，张柏. 东北区域发展报告［M］. 北京：

科学出版社，2004.

[11] 东童童，李欣，刘乃全. 空间视角下工业集聚对雾霾污染的影响——理论与经验研究 [J]. 经济管理，2015，37（9）：29-41.

[12] 董祚继，田春华. 解读《国土资源部关于推进土地节约集约利用的指导意见》[J]. 地球，2014（10）：28-31.

[13] 范剑勇，冯猛. 中国制造业出口企业生产率悖论之谜：基于出口密度差别上的检验 [J]. 管理世界，2013（8）：16-29.

[14] 范剑勇. 产业集聚与地区间劳动生产率差异 [J]. 经济研究，2006（11）：72-81.

[15] 方创琳，鲍超，黄金川，等. 中国城镇化发展的地理学贡献与责任使命 [J]. 地理科学，2018，38（3）：321-331.

[16] 方创琳，周成虎，顾朝林，等. 特大城市群地区城镇化与资源环境交互耦合效应解析的理论框架及技术路径 [J]. 地理学报，2016，71（4）：531-550.

[17] 方创琳，周成虎，顾朝林，等. 特大城市群地区城镇化与资源环境耦合机理及胁迫效应的理论解析（英文）[J]. Journal of Geographical Sciences，2017，27（12）：1431-1449.

[18] 丰雷，郭惠宁，王静，等. 土地资源经济安全评价研究——以上海市为例 [J]. 中国软科学，2011（1）：82-91.

[19] 符淼. 我国环境库兹涅茨曲线：形态、拐点和影响因素 [J]. 数量经济技术经济研究，2008，25（11）：40-55.

[20] 盖庆恩，朱喜，程名望，等. 土地资源配置不当与劳动生产率 [J]. 经济研究，2017，52（5）：117-130.

[21] 高珮义. 试论社会主义国家的城市化 [J]. 当代经济科学，1990（6）：38-44.

[22] 高松凡，杨纯渊. 关于我国早期城市起源的初步探讨

[J]. 文物季刊，1993（3）：48 – 54.

[23] 葛立成. 产业集聚与城市化的地域模式——以浙江省为例 [J]. 中国工业经济，2004（1）：56 – 62.

[24] 郭克莎. 我国投资消费关系失衡的原因和"十二五"调整思路 [J]. 开放导报，2009（6）：5 – 8.

[25] 郭月婷，徐建刚. 基于模糊物元的淮河流域城市化与资源环境系统的耦合协调测度 [J]. 应用生态学报，2013，24（5）：1244 – 1252.

[26] 韩峰，王业强. 市场潜力、政府干预与人口城市化 [J]. 中国人口科学，2017（1）：59 – 70，127.

[27] 韩淑娟. 资源禀赋对中国人口城市化发展的影响 [J]. 中国人口·资源与环境，2014，24（7）：52 – 58.

[28] 韩雁，张士锋，吕爱锋. 外调水对京津冀水资源承载力影响研究 [J]. 资源科学，2018，40（11）：2236 – 2246.

[29] 赫尔曼·哈肯. 协同学：大自然构成的奥秘 [M]. 上海：上海译文出版社，2005.

[30] 洪大用，范叶超，李佩繁. 地位差异、适应性与绩效期待——空气污染诱致的居民迁出意向分异研究 [J]. 社会学研究，2016，31（3）：1 – 24，242.

[31] 洪惠坤，廖和平，魏朝富，等. 基于改进 TOPSIS 方法的三峡库区生态敏感区土地利用系统健康评价 [J]. 生态学报，2015，35（24）：8016 – 8027.

[32] 洪银兴，陈雯. 城市化模式的新发展——以江苏为例的分析 [J]. 经济研究，2000（12）：66 – 71.

[33] 黄金川，方创琳. 城市化与资源环境交互耦合机制与规律性分析 [J]. 地理研究，2003（2）：211 – 220.

[34] 黄松筠. 东北地区生态文明特点及历史成因 [J]. 社会

科学战线，2014（8）：115-123.

　　[35] 纪爱华．基于生态城市的城市最优规模理论研究与实证分析 [D]．青岛：中国海洋大学，2014.

　　[36] 纪祥裕．外资和生产性服务业集聚对城市环境污染的影响 [J]．城市问题，2019（6）：52-62.

　　[37] 金东海，秦文利．论城市化发展的资源环境基础 [J]．人文地理，2004（4）：64-67.

　　[38] 金钟哲，刘晓东，陈云．对建设东北工业基地的独特贡献 [J]．经济研究导刊，2016（33）：65-66.

　　[39] 李根升，韩民春．财政分权、空间外溢与中国城市雾霾污染：机理与证据 [J]．当代财经，2015（6）：26-34.

　　[40] 李宏英．东北老工业基地公共投资现状及效应研究 [D]．沈阳：辽宁大学，2014.

　　[41] 李佳佳，罗能生．城镇化进程对城市土地利用效率影响的双门槛效应分析 [J]．经济地理，2015，35（7）：156-162.

　　[42] 李双成，赵志强，王仰麟．中国城市化过程及其资源与资源环境效应机制 [J]．地理科学进展，2009（1）：63-70.

　　[43] 李小云，杨宇，刘毅．中国人地关系演进及其资源环境基础研究进展 [J]．地理学报，2016，71（12）：2067-2088.

　　[44] 李欣，潘跃．中国城市化与能源消费的非线性关系研究——基于省际面板数据的门槛模型分析 [J]．中国人口·资源与环境，2015，25（S1）：1-5.

　　[45] 李雅男，丁振民，邓元杰，等．中国城市工业化发展与PM2.5的关系：兼论 EKC 曲线形成的内在机制 [J]．环境科学，2019，2020，41（04）：1987-1996.

　　[46] 李一曼．长春城市蔓延测度、机理与治理对策研究 [D]．长春：东北师范大学，2011.

[47] 刘俊杰，白雪冰．区域经济学内容体系创新与学科建设研究 [J]．区域经济评论，2017 (5)：72－78．

[48] 刘世薇．东北地区可持续城市化潜力与途径研究 [D]．长春：中国科学院研究生院（东北地理与农业生态研究所），2014．

[49] 刘文新，张平宇，马延吉．东北地区资源环境态势及其可持续发展对策 [J]．资源环境，2007 (2)：709－713．

[50] 刘艳艳，王少剑．珠三角地区城市化与资源环境的交互胁迫关系及耦合协调度 [J]．人文地理，2015，30 (3)：64－71．

[51] 刘耀彬，李仁东，宋学锋．中国区域城市化与资源环境耦合的关联分析 [J]．地理学报，2005 (2)：63－73．

[52] 刘永旺，马晓钰，杨瑞瑞．人口集聚、经济集聚与环境污染交互影响关系——基于面板协整和 PECM 模型的分析 [J]．人口研究，2019，43 (3)：90－101．

[53] 鲁晓东，许罗丹，熊莹．水资源环境与经济增长：EKC 假说在中国八大流域的表现 [J]．经济管理，2016，38 (1)：20－29．

[54] 马克思，恩格斯．马克思恩格斯选集：第二卷 [M]．北京：人民出版社，1972．

[55] 马丽梅，张晓．中国雾霾污染的空间效应及经济、能源结构影响 [J]．中国工业经济，2014 (4)：19－31．

[56] 孟凡光，袁宏，边延辉，等．三江平原自然灾害特点成因及防治 [J]．现代化农业，1999 (1)：4－6．

[57] 牟宇峰．产业转型背景下就业人口与产业发展关系研究综述 [J]．人口与经济，2016 (3)：103－114．

[58] 聂飞，刘海云．基于城镇化门槛模型的中国 OFDI 的碳排放效应研究 [J]．中国人口·资源与环境，2016 (9)：15．

[59] 齐昕，王雅莉．城市化经济发展空间溢出效应的实证研

究——基于"城"、"市"和"城市化"的视角 [J]. 财经研究, 2013, 39 (6): 84-92.

[60] 齐杨, 于洋, 刘海江, 等. 中国生态监测存在问题及发展趋势 [J]. 中国环境监测, 2015, 31 (6): 9-14.

[61] 钱学森, 于景元, 戴汝为. 一个科学新领域——开放的复杂巨系统及其方法论 [J]. 自然杂志, 1990, 13 (1): 3-10.

[62] 山鹿城次. 城市地理学 [M]. 武汉: 湖北教育出版社, 1986.

[63] 邵帅, 李欣, 曹建华, 等. 中国雾霾污染治理的经济政策选择——基于空间溢出效应的视角 [J]. 经济研究, 2016, 51 (9): 73-88.

[64] 斯日吉模楞. 自然资源约束对资源型地区经济增长的影响研究 [D]. 北京: 中央财经大学, 2019.

[65] 宋冬林, 汤吉军. 资源枯竭型地区发展接续产业研究 [J]. 学习与探索, 2005 (4): 162-166.

[66] 孙中伟, 孙承琳. 警惕空气污染诱发"逆城市化": 基于流动人口城市居留意愿的经验分析 [J]. 华南师范大学学报 (社会科学版), 2018 (5): 134-141, 192.

[67] 汤放华, 陈立立, 曾志伟, 等. 城市群空间结构演化趋势与空间重构——以长株潭城市群为例 [J]. 城市发展研究, 2010, 17 (3): 65-69, 85.

[68] 汤铃, 李建平, 余乐安, 等. 基于距离协调度模型的系统协调发展定量评价方法 [J]. 系统工程理论与实践, 2010, 30 (4): 594-602.

[69] 万庆, 吴传清, 曾菊新. 中国城市群城市化效率及影响因素研究 [J]. 中国人口·资源与环境, 2015, 25 (2): 66-74.

[70] 王海娟. 人的城市化: 内涵界定、路径选择与制度基

础——基于农民城市化过程的分析框架 [J]. 人口与经济，2015 (4)：19 – 27.

[71] 王立鹤，钟甫宁，陈卫红. 城市化发展驱动因素的实证研究——南京市与同类城市比较分析 [J]. 中国软科学，2004 (1)：126 – 130.

[72] 王鹏，曾辉. 基于 EKC 模型的经济增长与城市土地生态安全关系研究 [J]. 资源环境学报，2013，22 (2)：351 – 356.

[73] 王稔华，王书海，王起超. 第二松花江汞的污染与迁移过程历史分析 [J]. 地理科学，1986，6 (3)：229 – 239.

[74] 王如松. 生态整合与文明发展 [J]. 生态学报，2013，33 (1)：1 – 11.

[75] 王胜今，侯力. 论东北振兴过程中的城市化与城镇体系建设 [J]. 吉林大学社会学学报，2006，46 (6)：5 – 10.

[76] 王士君，宋飓，冯章献，等. 东北地区城市群组的格局，过程及城市流强度 [J]. 地理科学，2011，33 (3)：287 – 294.

[77] 王士君，王丹，宋飓. 东北老工业基地城市群组结构和功能优化的初步研究 [J]. 地理科学，2008 (1)：15 – 21.

[78] 王守坤. 空间计量模型中权重矩阵的类型与选择 [J]. 经济数学，2013，30 (3)：57 – 63.

[79] 王素凤，Pascale Champagne，潘和平，等. 工业集聚、城镇化与环境污染——基于非线性门槛效应的实证研究 [J]. 科技管理研究，2017，37 (11)：217 – 223.

[80] 王琰. 多维度城市化对空气质量的影响：基于中国城市数据的实证检验 [J]. 东南大学学报（哲学社会科学版），2017，19 (4)：100 – 110.

[81] 王印传，王海乾，闫巧娜. 自组织与他组织对城镇发展的作用——基于三层分析的城镇发展研究 [J]. 城市发展研究，

2013，20（4）：66-70.

[82] 魏巍贤，马喜立. 能源结构调整与雾霾治理的最优政策选择 [J]. 中国人口·资源与环境，2015，25（7）：6-14.

[83] 吴浩，王秀，周宏浩，等. 东北三省资源型收缩城市经济效率与生计脆弱性的时空分异与协调演化特征 [J]. 地理科学，2019，39（12）：1962-1971.

[84] 吴玉鸣，柏玲. 广西城市化与环境系统的耦合协调测度与互动分析 [J]. 地理科学，2011，31（12）：1474-1479.

[85] 习近平. 国家中长期经济社会发展战略若干重大问题 [J]. 求是，2020：12.

[86] 席鹏辉，梁若冰. 城市空气质量与环境移民——基于模糊断点模型的经验研究 [J]. 经济科学，2015（4）：30-43.

[87] 夏添，孙久文，林文贵. 中国行政区经济与区域经济的发展述评——兼论我国区域经济学的发展方向 [J]. 经济学家，2018（8）：94-104.

[88] 夏勇，胡雅蓓. 经济增长与环境污染脱钩的因果链分解及内外部成因研究——来自中国 30 个省份的工业 SO_2 排放数据 [J]. 产业经济研究，2017（5）：100-113.

[89] 肖挺. 环境质量是劳动人口流动的主导因素吗？——"逃离北上广"现象的一种解读 [J]. 经济评论，2016（2）：3-17.

[90] 邢谷锐，徐逸伦，郑颖. 城市化进程中乡村聚落空间演变的类型与特征 [J]. 经济地理，2007（6）：932-935.

[91] 徐辉，杨烨. 人口和产业集聚对环境污染的影响——以中国的 100 个城市为例 [J]. 城市问题，2017（1）：53-60.

[92] 许学强，周一星，宁越敏. 城市地理学第二版 [M]. 北京：高等教育出版社，2009.

[93] 杨帆，周沂，贺灿飞. 产业组织、产业集聚与中国制造

业产业污染 [J]. 北京大学学报（自然科学版），2016，52（3）：563 - 573.

[94] 杨冕，王银. 长江经济带 PM2.5 时空特征及影响因素研究 [J]. 中国人口·资源与环境，2017，27（1）：91 - 100.

[95] 杨仁发，李娜娜. 产业集聚能否促进城镇化 [J]. 财经科学，2016（6）：124 - 132.

[96] 杨文芳. 人口增长，城市化对 CO_2 排放的影响 [J]. 中国人口·资源与环境，2012，22（1）：284 - 288.

[97] 杨志勇，申映华，霍腾飞，等. 基于 PCA - SVM 的中国省域建筑产业竞争力预测 [J]. 统计与决策，2012（23）：98 - 101.

[98] 杨子江，张剑锋，冯长春. 区域城市空间结构与交通污染理论探讨 [J]. 城市发展研究，2015，22（5）：71 - 76，97.

[99] 姚士谋，周春山，修春亮，等. 中国城市群新论 [M]. 北京：科学出版社，2016.

[100] 于冠一，修春亮. 辽宁省城市化进程对雾霾污染的影响和溢出效应 [J]. 经济地理，2018（4）：100 - 108.

[101] 张可，汪东芳. 经济集聚与环境污染的交互影响及空间溢出 [J]. 中国工业经济，2014（6）：70 - 82.

[102] 张可. 环境污染对城市网络结构的影响研究 [J]. 社会科学，2016（12）：46 - 58.

[103] 张培丽，王晓霞，连映雪. 我国水资源能够支撑中高速经济增长吗 [J]. 经济学动态，2015（5）：87 - 97.

[104] 赵亚莉. 长三角地区城市建设用地扩展的水资源约束 [J]. 中国人口·资源与环境，2016，26（5）：123 - 128.

[105] 赵艳，濮励杰，张健，等. 基于三角模型的城市土地可持续利用评价——以江苏省无锡市为例 [J]. 经济地理，2011，31（5）：810 - 815，838.

［106］朱海霞，权东计. 新型城市化背景下的大遗址保护与区域发展管理［J］. 中国软科学，2014（2）：161 –170.

［107］Abdulahi M E, Shu Y, Khan M A. Resource rents, economic growth, and the role of institutional quality: A panel threshold analysis［J］. Resources Policy, 2019（61）：293 –303.

［108］Akbari M, Hopkins J L. An investigation into anywhere working as a system for accelerating the transition of Ho Chi Minh city into a more livable city［J］. Journal of cleaner production, 2019（209）：665 –679.

［109］Alfred M. Principles of economics［J］. 1890.

［110］Anselin L. Local Indicators of Spatial Association – LISA［J］. Geographical Analysis, 1995, 27（2）：92 –115.

［111］Arden S, Ma X C, Brown M. Holistic analysis of urban water systems in the Greater Cincinnatiregion: resource use profiles by emergy accounting approach［J］. Water research X, 2019（2）：100012.

［112］Arshad A, Ashraf M, Sundari R S, et al. Vulnerability assessment of urban expansion and modelling green spaces to build heat waves risk resiliency in Karachi［J］. International Journal of Disaster Risk Reduction, 2020（46）：101468.

［113］Baroudi F, AlAlam J, Fajloun Z, et al. Snail as sentinel organism for monitoring the environmental pollution; a review［J］. Ecological Indicators, 2020（113）：106240.

［114］Baumol W J. Macroeconomics of Unbalanced Growth: The Anatomy of Urban Crisis［J］. American Economic Review, 1967, 57（3）：415 –426.

［115］Bergmann S, Li B, Pilot E, et al. Effect modification of the short-term effects of air pollution on morbidity by season: A systematic review and meta-analysis [J]. Science of The Total Environment, 2020: 136985.

[116] Bouchair A. Decline of urban ecosystem of Mzab valley [J]. Building & Environment, 2004, 39 (6): 719 – 732. DOI: 10. 1016/ j. buildenv. 2003. 12. 001.

[117] Brown R R, Keath N, Wong T H F. Urban water management in cities: historical, current and future regimes [J]. Water science and technology, 2009, 59 (5): 847 – 855.

[118] Brulle R J, Pellow D N. Environmental justice: Human health and environmental inequalities [J]. Annu. Rev. Public Health, 2006 (27): 103 – 124.

[119] Butler T M, Lawrence M G, Gurjar B R, et al. There presentation of emissions from megacities in global emission inventories [J]. Atmospheric Environment, 2008, 42 (4): 703 – 719.

[120] Cao J J, Lee S C, Chow J C, et al. Spatial and seasonal distributions of carbonaceous aerosols over China [J]. Journal of Geophysical Research: Atmospheres, 2007, 112 (22): 33 – 37.

[121] Carle O. Hodge. Urbanization in the Arid Lands. Science, Vol. 170, 1970: Issue 3958, pp. 655 – 656.

[122] Champion A G. Counterurbanization: The conceptual and methodological challenge, [in:] The changing pace and nature of population deconcentration [J]. Hodder and Stoughton, London – New York – Melbourne – Auckland, 1989.

[123] Chao, Roger. "Effects of Increased Urbanization." Science, Vol. 324, No. 5923, 2009, P. 37.

[124] Chelleri L. From the 《Resilient City》 to Urban Resilience. A review essay on understanding and integrating the resilience perspective

for urban systems [J]. Documents d'anàlisi geogràfica, 2012, 58 (2): 287 – 306.

[125] Chen B, Hong C, Kan H. Exposures and health outcomes from outdoor air pollutants in China [J]. Toxicology, 2004, 198 (1 – 3): 291 – 300.

[126] Cheng Z, Luo L, Wang S, et al. Status and characteristics of ambient PM2. 5 pollution in global megacities [J]. Environment International, 2016 (9): 212 – 221.

[127] Chen Y, Ebenstein A, Greenstone M, et al. Evidence on the impact of sustained exposure to air pollution on life expectancy from China's Huai River policy [J]. Proceedings of the National Academy of Sciences, 2013, 110 (32): 12936 – 12941.

[128] Cui X, Fang C, Liu H, et al. Assessing sustainability of urbanization by a coordinated development index for an Urbanization – Resources – Environment complex system: A case study of Jing – Jin – Ji region, China [J]. Ecological Indicators, 2019 (96): 383 – 391.

[129] Dong Q, Lin Y, Huang J, et al. Has urbanization accelerated PM2. 5 emissions? An empirical analysis with cross-country data [J]. China Economic Review, 2020 (59): 101381.

[130] Dorini F A, Cecconello M S, Dorini L B. On the logistic equation subject to uncertainties in the environmental carrying capacity and initial population density [J]. Communications in Nonlinear Science and Numerical Simulation, 2016 (33): 160 – 173.

[131] Dou J M, Zhang K. Spatial Dependency, Economic Agglomeration and Urban Pollution [J]. Economic Management Journal, 2015 (10): 12 – 21.

[132] Du W C, Xia X H. How does urbanization affect GHG

emissions? A cross-country panel threshold data analysis [J]. Applied energy, 2018 (229): 872 – 883.

[133] Fajersztajn L, Guimarães M T, Duim E, et al. Health effects of pollution on the residential population near a Brazilian airport: A perspective based on literature review [J]. Journal of Transport & Health, 2019 (14): 100565.

[134] Fang C, Cui X, Li G, et al. Modeling regional sustainable development scenarios using the Urbanization and Eco-environment Coupler: Case study of Beijing – Tianjin – Hebei urban agglomeration, China [J]. Science of the Total Environment, 2019 (689): 820 – 830.

[135] Fang C, Zhou C, Gu C, et al. A proposal for the theoretical analysis of the interactive coupled effects between urbanization and the eco-environment in mega-urban agglomerations [J]. Journal of Geographical Sciences, 2017, 27 (12): 1431 – 1449.

[136] Fan X, Chen B, Zhang X. Field Survey on Indoor Air Pollution Transport Path in Rural House in Northeast China [J]. Procedia Engineering, 2015 (121): 430 – 437.

[137] Fitzhugh T W, Richter B D. Quenching urban thirst: Growing cities and their impacts on freshwater ecosystems [J]. BioScience, 2004, 54 (8): 741 – 754.

[138] Fragkias M, Güneralp B, Seto K, et al. Urbanization, biodiversity and ecosystem services: challenges and opportunities [J]. Urbanization, Biodiversity and Ecosystem Services: Challenges and Opportunities: A Global Assessment, 2013: 409 – 435.

[139] Fu H, Chen J. Formation, features and controlling strategies of severe haze-fog pollutions in China [J]. Science of the Total Environment, 2017 (578): 121 – 138.

[140] Gonzales L P, Magnaye D C. Measuring the urban biodiversity of green spaces in a highly urbanizing environment and its implications for human settlement resiliency planning: The case of Manila City, Philippines [J]. Procedia Environmental Sciences, 2017 (37): 83 - 100.

[141] GraffZivin J, Neidell M. The impact of pollution on worker productivity [J]. American Economic Review, 2012, 102 (7): 3652 - 3673.

[142] Grossman G M, Krueger A B. Environmental impacts of a North American Free Trade Agreement. National Bureau of Economic Research Working Paper 3914. 1991.

[143] Guo Y, Tong L, Mei L. The effect of industrial agglomeration on green development efficiency in Northeast China since the revitalization [J]. Journal of Cleaner Production, 2020: 120584.

[144] Haken H. Synergetics—an interdisciplinary approach to phenomena of self-organization [J]. Geoforum, 1985, 16 (2): 205 - 211.

[145] Han L, Zhou W, Li W, et al. Impact of urbanization level on urban air quality: A case of fine particles (PM2.5) in Chinese cities [J]. Environmental Pollution, 2014 (194): 163 - 170.

[146] Hanna R, Oliva P. The effect of pollution on labor supply: Evidence from a natural experiment in Mexico City [J]. Journal of Public Economics, 2015 (122): 68 - 79.

[147] He Y, Lin B. Investigating environmental Kuznets curve from an energy intensity perspective: empirical evidence from China [J]. Journal of Cleaner Production, 2019 (234): 1013 - 1022.

[148] Hien P D, Men N T, Tan P M, et al. Impact of urban ex-

pansion on the air pollution landscape: A case study of Hanoi, Vietnam [J]. Science of The Total Environment, 2020 (702): 134635.

[149] Hu J, Liu Y, Fang J, et al. Characterizing pollution-intensive industry transfers in China from 2007 to 2016 using land use data [J]. Journal of cleaner production, 2019 (223): 424 –435.

[150] Hull V, Tuanmu M N, Liu J. Synthesis of human-nature feedbacks [J]. Ecology and Society, 2015, 20 (3).

[151] Jabbour C J C, Fiorini P D C, Wong C W Y, et al. First-mover firms in the transition towards the sharing economy in metallic natural resource-intensive industries: Implications for the circular economy and emerging industry 4.0 technologies [J]. Resources Policy, 2020 (66): 101596.

[152] Jia J, Deng H, Duan J, et al. Analysis of the major drivers of the ecological footprint using the STIRPAT model and the PLS method—A case study in Henan Province, China [J]. Ecological Economics, 2009, 68 (11): 2818 –2824.

[153] Jones P D, Groisman P Y, Coughlan M, et al. Assessment of urbanization effects in time series of surface air temperature over land [J]. Nature, 1990, 347 (6289): 169 –172.

[154] Kanga R, Fenga C. Developing Service Industry to Solve Environment Conflict: A Case of Yuyang District, China [J]. Procedia – Social and Behavioral Sciences, 2016 (220): 159 –165.

[155] Kauffman S A. The Origins of Order: Self – Organization and Selection in Evolution [J]. Journal of Evolutionary Biology, 1993, 13 (1): 133 –144.

[156] Kazançoglu Y, Ada E, Ozturkoglu Y, et al. Analysis of the barriers to urban mining for resource melioration in emerging econo-

mies [J]. Resources Policy, 2020 (68): 101768.

[157] Khavarian – Garmsir A R, Pourahmad A, Hataminejad H, et al. Climate change and environmental degradation and the drivers of migration in the context of shrinking cities: A case study of Khuzestan province, Iran [J]. Sustainable Cities and Society, 2019 (47): 101480.

[158] Kurniawan R, Managi S. Coal consumption, urbanization, and trade openness linkage in Indonesia [J]. Energy Policy, 2018 (121): 576 –583.

[159] Kuznets S. Modern economic growth: findings and reflections [J]. The American economic review, 1973, 63 (3): 247 –258.

[160] Leeuw FAAM, Moussiopoulos N, Sam P, et al. Urban air quality in larger conurbations in the European Union [J]. Environmental Modelling and Software, 2001, 16 (4): 399 –414.

[161] LeSage J P, Pace R K. Introduction to Spatial Econometrics [M]. San Marcos: CRC Press, 2009: 36 –50.

[162] Liang W, Yang M. Urbanization, economic growth and environmental pollution: Evidence from China [J]. Sustainable Computing: Informatics and Systems, 2019 (21): 1 –9.

[163] Li B, Dewan H. Efficiency differences among China's resource-based cities and their determinants [J]. Resources Policy, 2017 (51): 31 –38.

[164] Liddle B. What are the carbon emissions elasticities for income and population? Bridging STIRPAT and EKC via robust heterogeneous panel estimates [J]. Global Environmental Change, 2015 (31): 62 –73.

[165] Ligmann – Zielinska A, Church R, Jankowski P. Sustain-

able urban land use allocation with spatial optimization [C]//8th ICA Workshop on Generalisation and Multiple Representation. 2005: 1 - 18.

[166] Lin G, Fu J Y, Jiang D, et al. Spatio-temporal variation of PM2. 5 concentrations and their relationship with geographic and socioeconomic factors in China [J]. International Journal of Environmental Research & Public Health, 2014, 11 (1): 173 - 186.

[167] Lin S, Wang S, Marinova D, et al. Impacts of urbanization and real economic development on CO_2 emissions in non-high income countries: Empirical research based on the extended STIRPAT model [J]. Journal of Cleaner Production, 2017 (166): 952 - 966.

[168] Liu J, Gatzweiler F W, Kumar M. An evolutionary complex systems perspective on urban health [J]. Socio - Economic Planning Sciences, 2020: 100815.

[169] Liu W, Jiao F, Ren L, et al. Coupling coordination relationship between urbanization and atmospheric environment security in Jinan City [J]. Journal of cleaner production, 2018 (204): 1 - 11.

[170] Liu X, Duan Z, Shan Y, et al. Low-carbon developments in Northeast China: Evidence from cities [J]. Applied energy, 2019 (236): 1019 - 1033.

[171] Li X, Sun Y, An Y, et al. Air pollution during the winter period and respiratory tract microbial imbalance in a healthy young population in Northeastern China [J]. Environmental pollution, 2019 (246): 972 - 979.

[172] Li Y, Liu J, Han H, et al. Collective impacts of biomass burning and synoptic weather on surface PM2. 5 and CO in Northeast China [J]. Atmospheric environment, 2019 (213): 64 - 80.

[173] Li Y, Li Y, Zhou Y, et al. Investigation of a coupling

model of coordination between urbanization and the environment [J].
Journal of environmental management, 2012 (98): 127 – 133.

[174] Li Z, Shao S, Shi X, et al. Structural transformation of manufacturing, natural resource dependence, and carbon emissions reduction: Evidence of a threshold effect from China [J]. Journal of Cleaner Production, 2019 (206): 920 – 927.

[175] LouisWirth. Urbanism as a Way of Life [J]. American Journal of Sociology, 1989 (29): 46 – 63.

[176] Lourenço I B, Guimarães L F, Alves M B, et al. Land as a sustainable resource in city planning: the use of open spaces and drainage systems to structure environmental and urban needs [J]. Journal of Cleaner Production, 2020: 123096.

[177] Lucas R A, Tepperman L. Minetown, Milltown, Railtown: Life in Canadian Communities of Single Industry [J]. Contemporary Sociology, 2008, 51 (1): 286 – 287.

[178] Mahmoud S H, Gan T Y. Long-term impact of rapid urbanization on urban climate and human thermal comfort in hot-arid environment [J]. Building and Environment, 2018 (142): 83 – 100.

[179] Ma M, Cai W. Do commercial building sector-derived carbon emissions decouple from the economic growth in Tertiary Industry? A case study of four municipalities in China [J]. Science of the Total Environment, 2019 (650): 822 – 834.

[180] Manderson E J, Kneller R. Energy endowments and the location of manufacturing firms [J]. Journal of Environmental Economics and Management, 2020 (101): 102301.

[181] Mar Martínez – Bravo M, Martínez – del – Río J, Antolín – López R. Trade-offs among urban sustainability, pollution and livability

in European cities ［J］. Journal of cleaner production, 2019 （224）: 651 - 660.

［182］ Mauerhofer V. Social capital, social capacity and social carrying capacity: Perspectives for the social basics within environmental sustainability ［J］. Futures, 2013 （53）: 63 - 73.

［183］ Mazzarino J M, Turatti L, Petter S T. Environmental governance: Media approach on the united nations programme for the environment ［J］. Environmental Development, 2020: 100502.

［184］ McDonald R I, Marcotullio P J, Güneralp B. Urbanization and global trends in biodiversity and ecosystem services ［M］//Urbanization, biodiversity and ecosystem services: Challenges and opportunities. Springer, Dordrecht, 2013: 31 - 52.

［185］ Miao C, Yu S, Zhang Y, et al. Assessing outdoor air quality vertically in an urban street canyon and its response to microclimatic factors ［J］. Journal of Environmental Sciences, 2023, 124: 923 - 932. DOI: 10. 1016/j. jes. 2022. 02. 021.

［186］ Mills E S, Hamilton B W. Urban economics. New York: Harper Collins College Publishers, 1994.

［187］ Myers N. Environmental refugees: a growing phenomenon of the 21st century ［J］. Philosophical Transactions of the Royal Society of London. Series B: Biological Sciences, 2002, 357 （1420）: 609 - 613.

［188］ Nguyen H H, Recknagel F, Meyer W. Effects of projected urbanization and climate change on flow and nutrient loads of a Mediterranean catchment in South Australia ［J］. Ecohydrology & Hydrobiology, 2019, 19 （2）: 279 - 288.

［189］ Poumanyvong P, Kaneko S. Does urbanization lead to less energy use and lower CO_2 emissions? A cross-country analysis [J]. Ecological Economics, 2010, 70 (2): 434 – 444.

[190] Pérez – Martínez C, Clavería González Ó. Natural resources and human development: Evidence from mineral-dependent African countries using exploratory graphical analysis [J]. Resources Policy, 2020, 65 (3): 1 – 10.

[191] Rijsberman M A, Ven F H M V D. Different approaches to assessment of design and management of sustainable urban water systems [J]. Environmental impact assessment review, 2000 (3): 20.

[192] Ritzen M J, Houben J J M, Rovers R, et al. Carrying capacity based environmental impact assessment of Building Integrated Photovoltaics [J]. Sustainable Energy Technologies and Assessments, 2019 (31): 212 – 220.

[193] Serrao – Neumann S, Renouf M A, Morgan E, et al. Urban water metabolism information for planning water sensitive city-regions [J]. Land Use Policy, 2019 (88): 104144.

[194] Shafik N, Bandyopadhyay S. Economic Growth and Environmental Quality: Time Series and Gross-country Evidence. Background Paper for World Development Report, 1992.

[195] Shen L, Cheng S, Gunson A J, et al. Urbanization, sustainability and the utilization of energy and mineral resources in China [J]. Cities, 2005, 22 (4): 287 – 302.

[196] Shen L, Shu T, Liao X, et al. A new method to evaluate urban resources environment carrying capacity from the load-and-carrier perspective [J]. Resources, Conservation and Recycling, 2020 (154): 104616.

[197] Shurui J, Jingyou W, Lei S H I, et al. Impact of Energy

Consumption and Air Pollution on Economic Growth An Empirical Study Based on Dynamic Spatial Durbin Model [J]. Energy Procedia, 2019 (158): 4011 –4016.

[198] Song Y, Li M, Zhang M, et al. Study on the impact of air pollution control on urban residents' happiness from microscopic perspective [J]. Journal of Cleaner Production, 2019 (229): 1307 –1318.

[199] Song Y, Zhou A, Zhang M, et al. Assessing the effects of haze pollution on subjective well-being based on Chinese General Social Survey [J]. Journal of Cleaner Production, 2019 (235): 574 –582.

[200] Stanley A, Arceo – Gomez G. Urbanization increases seed dispersal interaction diversity but decreases dispersal success in Toxicodendron radicans [J]. Global Ecology and Conservation, 2020: 1 – 13.

[201] Świąder M, Lin D, Szewrański S, et al. The application of ecological footprint and biocapacity for environmental carrying capacity assessment: A new approach for European cities [J]. Environmental Science & Policy, 2020 (105): 56 –74.

[202] Tian Y, Huang W, Wu X, et al. Dominant control of climate variations over land-use change on net primary productivity under different urbanization intensities in Beijing, China [J]. Acta Ecologica Sinica, 2019, 39 (5): 416 –424.

[203] Ulucak R, Khan S U D. Determinants of the ecological footprint: Role of renewable energy, natural resources, and urbanization [J]. Sustainable Cities and Society, 2020 (54): 101996.

[204] Van D A, Martin R V, Brauer M, et al. Use of satellite observations for long-term exposure assessment of global concentrations of fine particulate matter [J]. Environmental Health Perspectives, 2015, 23 (2): 135 –143.

［205］Vinkanen J. Effect of Urbanization on Metal Deposition in the Bay of Southern Finland ［J］. Marine Pollution Bulletin, 1998, 36 (9): 729 –738.

［206］Voskamp I M, Sutton N B, Stremke S, et al. A systematic review of factors influencing spatiotemporal variability in urban water and energy consumption ［J］. Journal of Cleaner Production, 2020 (256): 120310.

［207］Wang Q, Su M. The effects of urbanization and industrialization on decoupling economic growth from carbon emission – A case study of China ［J］. Sustainable Cities and Society, 2019 (51): 101758.

［208］Wang Y, Wang J. Does industrial agglomeration facilitate environmental performance: New evidence from urbanChina? ［J］. Journal of environmental management, 2019 (248): 109244.

［209］Wang Z, Liang L, Sun Z, et al. Spatiotemporal differentiation and the factors influencing urbanization and ecological environment synergistic effects within the Beijing – Tianjin – Hebei urban agglomeration ［J］. Journal of environmental management, 2019 (243): 227 – 239.

［210］Wang Z B, Fang C L. Spatial-temporal characteristics and determinants of PM2.5 in the Bohai Rim Urban Agglomeration ［J］. Chemosphere, 2016, 148 (148): 148 –162.

［211］Widodo B, Lupyanto R, Sulistiono B, et al. Analysis of environmental carrying capacity for the development of sustainable settlement in Yogyakarta urban area ［J］. Procedia environmental sciences, 2015 (28): 519 –527.

［212］WMO, UNESCO. ［J］. International Glossary of Hydrology. IHP/OHP – Berichte, 2012.

［213］ World Bank. Cost of pollution in China: Economic estimates of physical damages, www. worldbank. org/eapenvironment, 2007.

［214］ Wu H, Gai Z, Guo Y, et al. Does environmental pollution inhibit urbanization in China? A new perspective through residents' medical and health costs ［J］. Environmental Research, 2020: 109128.

［215］ Wu H, Hao Y, Weng J H. How does energy consumption affect China's urbanization? New evidence from dynamic threshold panel models ［J］. Energy policy, 2019 (127): 24 –38.

［216］ Wu Y, Shen J, Zhang X, et al. Reprint of: The impact of urbanization on carbon emissions in developing countries: A Chinese study based on the U – Kaya method ［J］. Journal of Cleaner Production, 2017 (163): S284 – S298.

［217］ Xie Y, Dai H, Zhang Y, et al. Comparison of health and economic impacts of PM2. 5 and ozone pollution in China ［J］. Environment International, 2019 (130): 104881.

［218］ Xing Y, Brimblecombe P. Urban park layout and exposure to traffic-derived air pollutants ［J］. Landscape and Urban Planning, 2020 (194): 103682.

［219］ Yang T, Gbaguidi A, Yan P, et al. Model elucidating the sources and formation mechanisms of severe haze pollution over Northeast mega-city cluster in China ［J］. Environmental Pollution, 2017, 230 (2): 692 –700.

［220］ York R, Rosa E A, Dietz T. Footprints on the Earth: The Environmental Consequences of Modernity ［J］. American Sociological Review, 2003, 68 (2): 279 –300.

［221］ Yu G, Xiu C, Zhao C, et al. Strategic Cross – Border Water Pollution in Songliao Basin [J]. Sustainability, 2018, 10 (12): 4713.

[222] Zaman K, Abd-el Moemen M. Energy consumption, carbon dioxide emissions and economic development: Evaluating alternative and plausible environmental hypothesis for sustainable growth [J]. Renewable and Sustainable Energy Reviews, 2017 (74): 1119 –1130.

[223] Zang S Y, Huang X, Na X D, et al. An assessment approach of land-use to resource-based cities: A case study on land-use process of Daqing region [J]. International journal of environmental science and technology, 2015, 12 (12): 3827 –3836.

[224] Zhang H, Gao Z. Problems of industry transformation based on sustainable development ability of resource-based city—A case study on Karamay City [J]. Xinjiang Arid Land Geography, 2005, 28 (3): 409 –413.

[225] Zhang M, Liu X, Ding Y, et al. How does environmental regulation affect haze pollution governance? —An empirical test based on Chinese provincial panel data [J]. Science of The Total Environment, 2019 (695): 133905.

[226] Zhang Z, Hao Y, Lu Z N. Does environmental pollution affect labor supply? An empirical analysis based on 112 cities in China [J]. Journal of cleaner production, 2018 (190): 378 –387.

[227] Zhao Y, Wang S, Ge Y, et al. The spatial differentiation of the coupling relationship between urbanization and the eco-environment in countries globally: a comprehensive assessment [J]. Ecological modelling, 2017 (360): 313 –327.

[228] Zhao Y, Wang S, Zhou C. Understanding the relation between urbanization and the eco-environment in China's Yangtze River

Delta using an improved EKC model and coupling analysis [J]. Science of the Total Environment, 2016 (571): 862 – 875.

[229] Zhou D, Tian Y, Jiang G. Spatio-temporal investigation of the interactive relationship between urbanization and ecosystem services: Case study of the Jingjinji urban agglomeration, China [J]. Ecological Indicators, 2018 (95): 152 – 164.

[230] Zhou X Y, Wang X R. Impact of industrial activities on heavy metal contamination in soils in three major urban agglomerations of China [J]. Journal of Cleaner Production, 2019 (230): 1 – 10.

[231] Zhou Y, Kong Y, Wang H, et al. The impact of population urbanization lag on eco-efficiency: A panel quantile approach [J]. Journal of Cleaner Production, 2020 (244): 118664.

[232] Zhu M, Shen L, Tam V W Y, et al. A load-carrier perspective examination on the change of ecological environment carrying capacity during urbanization process in China [J]. Science of The Total Environment, 2020: 136843.

[233] Zipper S C, Soylu M E, Kucharik C J, et al. Quantifying indirect groundwater-mediated effects of urbanization on agroecosystem productivity using MODFLOW – AgroIBIS (MAGI), a complete critical zone model [J]. Ecological Modelling, 2017 (359): 201 – 219.